Clár Gaeilge don Bhunscoil

Seo Leat

5

Rang a Cúig

CJFallon

ESTABLISHED 1895

Foilsithe ag
CJ Fallon
Bloc B – Urlár na Talún
Campas Oifige Ghleann na Life
Baile Átha Cliath 22

ISBN: 978-0-7144-2365-4

An Chéad Eagrán Feabhra 2017
An tEagrán seo Meán Fómhair 2021

Tá an foilsitheoir faoi chomaoin ag Cló Iar-Chonnacht i ngeall ar an gcead atá tugtha an dán seo a fhoilsiú: *Buzzy* le Seán Ó hEachtigheirn.

Clár

Siombailí

Seo a leanas na siombailí atá in úsáid sa leabhar.

	Éisteacht		Struchtúr
	Comhrá		Gramadach
	Léitheoireacht		Tarraingt
	Scríbhneoireacht		Dathú
	Tuiscint		Ceangail

Na Carachtair

Mamaí	Daidí	Ollaí	Hollaí	Alí	Learaí Óg
Pia	Pedro	Sadhbh	Sam	Beití	Aoife
Éamonn	Alana	Oisín	Fia	Fionn	Mamó	Timmí

Nótaí don Mhúinteoir

Tá an clár **Seo Leat** in oiriúint do Churaclam Teanga na Bunscoile (NCCA, 2016). Clúdaíonn an clár **Seo Leat** na trí shnáithe atá i gCuraclam Teanga na Bunscoile:

1. Teanga ó Bhéal   **2.** Léitheoireacht   **3.** Scríbhneoireacht

Tá 20 aonad sa leabhar. Clúdaítear na trí shnáithe i ngach aonad. Tá na gnéithe seo a leanas mar bhunús le gach aonad: **cumarsáid**, **struchtúr** agus **úsáid** na teanga. Tá na téamaí seo a leanas clúdaithe sa chlár:

- *Mé Féin*
- *Bia*
- *Sa Bhaile*
- *Éadaí*
- *Caitheamh Aimsire*
- *Siopadóireacht*
- *An Scoil*
- *An Aimsir*
- *Ócáidí Speisialta*

Seo iad na codanna a bhaineann le gach aonad:

Eachtraí	Is breá le páistí eachtraí agus greann. Tarlaíonn rudaí greannmhara nó aisteacha sna scéalta. Cabhraíonn na heachtraí spreagúla seo le taitneamh agus tuiscint ar an teanga a fhorbairt.
Pictiúir	Tá na pictiúir agus na fophictiúir bunaithe ar shaol an pháiste. Ócáid chainte is ea gach pictiúr. Is féidir leis an múinteoir agus leis na páistí ceisteanna a chur agus a fhreagairt bunaithe ar na pictiúir. Fásann forbairt foclóra agus tuiscint uaidh seo. Bíonn na pictiúir mar bhunchloch don léitheoireacht.
Nathanna/Frásaí	Tá an bhéim ar fhrásaí agus ar nathanna cainte. Múintear na nathanna nua mar chuid den cheacht. Leagtar béim ar na nathanna agus na frásaí a úsáid go nádúrtha i ngnáthchaint na bpáistí. Ba chóir na nathanna céanna a úsáid go rialta i rith an lae.
Tuiscint/Ceist agam ort	Tá ceisteanna simplí bunaithe ar gach scéal. Cabhraíonn sé seo le tuiscint ar an scéal a fhorbairt agus a léiriú. Ba chóir na ceisteanna a bheith mar chuid den teanga ó bhéal ar dtús. Is féidir iad a scríobh ina dhiaidh sin. Go minic, tugtar an briathar do na páistí chun cuidiú leo.
Scríbhneoireacht	Leagtar béim ar na briathra mar bhunchloch na habairte. Úsáidtear abairtí measctha agus iomlánú abairtí chun struchtúr a fhorbairt. Cruthaítear deiseanna chun an foclóir nua (ainmfhocail, briathra, nathanna, srl.) a úsáid.
Gramadach	Tugann na ceachtanna gramadaí rialacha agus struchtúir do na páistí a chuideoidh leo muinín a bheith acu agus iad ag úsáid na Gaeilge.
Gníomhaíochtaí	Críochnaíonn gach ceacht le cleachtaí breise, foclóir breise nó filíocht. Cothaíonn siad seo taitneamh agus tuiscint ar an nGaeilge.

1 Mí Lúnasa a bhí ann agus bhí na páistí ag imirt peile sa ghairdín. Fuair Sadhbh cúl. Bhí an-spórt acu.

Cúl!

Maith thú, a Shadhbh!

2 Thug Fionn cic mór don liathróid agus chuaigh sé isteach i ngairdín na comharsan.

Féach cad a rinne tú!

Tá brón orm.

3 Rachaidh mé isteach go dtí an chomharsa nua.

Rachaidh mise in éineacht leat.

4 Chuaigh Hollaí agus Sadhbh isteach go dtí an chomharsa agus bhuail siad cnag ar an doras. D'oscail cailín beag an doras.

Dia duit. An bhfuil cead againn an liathróid a fháil, más é do thoil é?

5 Chas an cailín beag timpeall agus chuaigh sí isteach sa teach. Níor labhair sí leis na cailíní in aon chor. Bhí ionadh ar Hollaí agus Sadhbh.

6 Tar éis cúpla nóiméad, tháinig buachaill go dtí an doras. Bhí an cailín beag in éineacht leis.

An tusa an chomharsa nua?

Is mé. Oisín is ainm dom.

7 Agus cé tusa?

Seo í mo dheirfiúr, Alana. Tá sí beagán bodhar.

8 Díreach ansin, tháinig fear ard go dtí an doras.

Agus seo é mo Dhaidí.

Dia daoibh.

Dia duit!

9 An bhfuil cead againn an liathróid a fháil, más é do thoil é?

Thug mo chara cic mór don liathróid agus chuaigh sé isteach i do ghairdín.

10 Chas Oisín go dtí Alana agus thosaigh sé ag geáitsíocht. Rith Alana isteach sa teach.

11 Nuair a tháinig sí ar ais, bhí an liathróid ina láimh aici.

Go raibh maith agat, Alana.

Fáilte!

12 Thosaigh Oisín agus Alana ag geáitsíocht arís.

Maith an cailín.

13 Cad atá á dhéanamh agaibh?

Táimid ag caint. Táimid ag úsáid LÁMH.

14 Ar mhaith libh cluiche peile a imirt?

Ba mhaith. Seo leat, Alana!

Ar aghaidh linn!

15 Bhí Oisín agus Alana an-chairdiúil. Gan mhoill, bhí na páistí go léir ag imirt peile sa ghairdín arís. Bhí an-spórt acu.

Is maith liom mo chomharsa nua.

3

A ❓ Ceist agam ort

When were the children
1. Cá raibh na páistí? Bhí na páistí sa ghairdín ✓

Who scored the goal
2. Cé a fuair an cúl? Bhí ~~an~~ Shadhbh ar cúl ✓

3. Cé a thug cic mór don liathróid? Bhí an Fhionn cic mór don liathróid

4. An raibh Ollaí sásta? ~~Ní~~ ~~raibh~~ *Thing* Bhí Ollaí sásta ✓

was Fionn sorry
5. An raibh brón ar Fhionn? Bhí an Fhionn brón ✗

6. Cad is ainm do na comharsana nua? Alanna agus Oisín is ainim dom

7. Cén fáth a raibh ionadh ar Hollaí agus Sadhbh? na ~~na~~ comharsana nua

8. An raibh an-spórt ag na páistí? Bhí ~~an~~ an spórt aca

B 👄 Labhair liom – Obair bheirte

Féach ar na ceisteanna seo.
Cum freagraí ón scéal.

1. Cén saghas lae a bhí ann?

2. Cén dath a bhí ar an liathróid?

3. Ar bhuail na buachaillí cnag ar an doras?

4. Cé a bhí ag geáitsíocht?

5. Cé a dúirt 'Maith an cailín'?

Féach ar na freagraí seo.
Cum ceisteanna ón scéal.

Sampla:

Freagra: Sadhbh
Ceist: Cé a fuair an cúl?

• *Freagra:* sa ghairdín

• *Freagra:* cailín beag

• *Freagra:* fear ard

• *Freagra:* Is maith.

C ✏️ Briathra beo

| Thosaigh | Chas | D'oscail | Thug | Labhair | Tháinig |

1. D'oscail ✓ an múinteoir isteach sa seomra ranga.
2. Thosaigh ✓ na páistí ag imirt peile sa chlós.
3. Thug ✓ an siopadóir leabhar nua do Hollaí.
4. Tháinig ✓ an garda an geata ar maidin.
5. Chas ✓ an madra timpeall agus rith sé síos an bóthar.
6. Labhair ✓ an príomhoide leis na buachaillí inné.

Caint is comhrá

- **An bhfuil cead againn an liathróid a fháil?**

peata nua	uachtar reoite	pas obair bhaile	leabhar grinn

1. An bhfuil cead againn _____ a fháil anocht?
2. An bhfuil cead againn _____ a fháil sa siopa?
3. An bhfuil cead againn _____ a fháil amárach?
4. An bhfuil cead againn _____ a fháil ag am lóin?

- **Féach cad a rinne tú!**

E **Seo libh ag caint – Do chomharsa nua ar scoil**

Cé atá ag suí in aice leat ar maidin? Cuir cúpla ceist ar do chomharsa.

1. Cad is ainm duit?   _____ is ainm dom.
2. Conas tá tú?   Táim _____ .
3. Cén aois thú?   Táim _____ .
4. Cén rang ina bhfuil tú?   Táim i rang a _____ .
5. Cén scoil ina bhfuil tú?   Táim i Scoil _____ .
6. Cá bhfuil tú i do chónaí?   Táim i mo chónaí i _____ .
7. Cé mhéad páiste atá i do chlann?   Tá _____ .
8. An maith leat an scoil seo?   Is/Ní _____ .
9. Cén caitheamh aimsire is maith leat?   Is maith liom a bheith ag _____ .
10. An cuimhin leat do chéad lá ar scoil?   Is/Ní _____ .

Anois, cuir agallamh ar an múinteoir!

Mí Mheán Fómhair a bhí ann agus chuaigh na páistí ar ais ar scoil. Bhí Oisín i Rang a Cúig agus bhí Alana i Rang a Trí. Bhí tionól scoile ar siúl sa halla agus bhí an príomhoide ag caint leis na páistí.

middle

Príomhoide:	Beidh toghchán ar siúl do Chomhairle na nDaltaí an tseachtain seo chugainn. Go n-éirí libh!
Múinteoir:	Anois, éistigí go cúramach. Beidh páiste amháin ó gach rang ar Chomhairle na nDaltaí.
Páistí:	Cuirfimid feabhas ar an scoil!

Bhí na páistí ar bís. Thosaigh siad ag pleanáil.

Sadhbh:	Ba mhaith liom a bheith ar Chomhairle na nDaltaí.
Fionn:	Maith thú!
Aoife:	Ar aghaidh leat!
Oisín:	Tá mise ag vótáil do Shadhbh.
Alí agus Sam:	Mise freisin!
Alana:	Tá Sadhbh an-chineálta.
Hollaí:	Tá sí an-chothrom freisin.

Bhí na cairde ag cabhrú le Sadhbh. *Helping*
Rinne Fionn agus Sam póstaeir do Shadhbh.
Chroch Hollaí agus Ollaí póstaeir ar na ballaí.
Thug Timmí agus Aoife bileoga do na páistí sa scoil.
Sheas Oisín agus Alana ag geata na scoile gach maidin.

Stood

Tabhair vóta do Shadhbh, más é do thoil é.

Ach bhí páistí eile i ngach rang agus bhí siad ag lorg vótaí. Bhí plean ag gach páiste.

Deirdre: Is mise Deirdre. Táim i Rang a Trí. Ba mhaith liom dallóga nua a fháil do na seomraí ranga.

Niall: Is mise Niall. Táim i Rang a Ceathair. Ba mhaith liom leathlá gach tráthnóna Aoine.

Sadhbh: Is mise Sadhbh. Táim i Rang a Cúig. Ba mhaith liom LÁMH a fhoghlaim ar scoil. *Learn*

Brian: Is mise Brian. Táim i Rang a Sé. Ba mhaith liom siopa milseán ar scoil.

Ar an Aoine, thosaigh an vótáil ag leathuair tar éis a deich. Bhí Rang a Sé i gceannas ar an toghchán. Bhí vóta amháin ag gach páiste. *in charge*

At the end of the day the teacher and principal counted the votes
Ag deireadh an lae, chomhair an múinteoir agus an príomhoide na vótaí. Bhí an bua ag Sadhbh! Bhí áthas an domhain ar na cairde go léir.

Aoife: A Shadhbh – tá tú ar Chomhairle na nDaltaí!

Fionn agus Oisín: Maith thú!

Ollaí agus Hollaí: A Shadhbh! Comhghairdeas.

Sadhbh: Go raibh míle maith agaibh go léir.

An oíche sin, tháinig Pia abhaile ón mbácús. Bhí nuacht aici.

Pia: Bhí mé ag caint leis an múinteoir tráthnóna agus múinfidh sí LÁMH don scoil go léir.

Sadhbh: Ó, tá sé sin go hiontach.
Beidh áthas ar Alana agus Oisín.

A ❓ Ceist agam ort

1. Cén mhí a bhí ann? *Mí Mheán Fómhair a bhí ann* [handwritten]
   what class [annotation]
2. Cén rang ina raibh Oisín? *Tá Oisín i rang a cúig* [handwritten]
   where was the school Assembly on [annotation]
3. Cá raibh an tionól scoile ar siúl? *Bhí an tionól scoile ar siúl sa halla* [handwritten]
   who started [annotation]
4. Cé a thosaigh ag pleanáil? *Thosaigh siad sa plánáil* [handwritten]
   was alana voting for shadhbh [annotation]
5. An raibh Alana ag vótáil do Shadhbh? *Bhí Alana ag votáil do shadhbh* [handwritten]
   what did Fionn make [annotation]
6. Cad a rinne Fionn agus Sam? *Rinne Fionn agus Sam Postaeir* [handwritten]
   how many votes did [annotation]
7. Cé mhéad vóta a bhí ag gach páiste? *Bhí vóta amháin ag gach páistí* [handwritten]
   did Sadhbh win [annotation]
8. An raibh an bua ag Sadhbh? *Bhí an bua shadhbh* [handwritten]

B 👄 Labhair liom – Obair bheirte

Féach ar na ceisteanna seo. Cum freagraí ón scéal.	Féach ar na freagraí seo. Cum ceisteanna ón scéal.
1. Cé a bhí ag an tionól scoile?	• *Freagra:* na páistí
2. Cár chroch Hollaí agus Ollaí na póstaeir?	• *Freagra:* Rang a Trí
3. Cá raibh an vótáil ar siúl?	• *Freagra:* dath glas
4. Cén t-am a thosaigh an vótáil ar an Aoine?	• *Freagra:* geata na scoile
5. Cá raibh Sadhbh nuair a tháinig Pia abhaile?	• *Freagra:* Pia

C ✏️ Briathra beo

Thug	Rinne	Chroch	Chomhair	Sheas	Bhí

1. _*chroch sheas*_ [handwritten] an seanfhear in oifig an phoist.
2. _*Bhí*_ [handwritten] an garda póstaeir ar an mballa.
3. _*seas*_ [handwritten] an siopadóir an t-airgead sa bhanc inné.
4. _*chómhair*_ [handwritten] an tionól ar siúl i halla an bhaile.
5. _*rinne*_ [handwritten] an príomhoide cáca milis sa chistin.
6. _*thug*_ [handwritten] an t-aeróstach sú oráiste do na páistí.

● **Beidh toghchán ar siúl sa halla.**

cluiche peile	scannán	paráid	séipéal	halla an bhaile

1. Beidh _paráid_ ar siúl sa bhaile mór.

2. Beidh damhsa ar siúl i _halla na bhaile_

3. Beidh _cluiche peile_ ar siúl sa pháirc.

4. Beidh Aifreann ar siúl sa _séipéal_ .

5. Beidh _scannán_ ar siúl sa phictiúrlann.

● **Bhí Rang a Sé i gceannas ar an toghchán.**

an príomhoide	an captaen	an píolóta	an múinteoir	an réiteoir

1. Bhí _____ i gceannas ar an gcluiche.

2. Bhí _____ i gceannas ar an scoil.

3. Bhí _____ i gceannas ar an eitleán.

4. Bhí _____ i gceannas ar an rang.

5. Bhí _____ i gceannas ar an bhfoireann.

● **Ó, tá sé sin go hiontach!**

Ó, tá sé sin go hiontach!

Ó, tá sé sin go hiontach!

Ó, tá sé sin go hiontach!

Tarraing pictiúr agus taispeáin 'Ó, tá sé sin go hiontach!'

An raibh...?	An bhfuil...?	An mbíonn...?	An mbeidh...?
Bhí Ní raibh	Tá Níl	Bíonn Ní bhíonn	Beidh Ní bheidh

1.

An raibh na páistí ag súgradh inné?

Bhí na pastí gugradh inne ✓

An raibh na páistí ag obair inné?

Ní raibh na pastí ag obairinne ✓

2.

An bhfuil Báinín ina luí os comhair na tine?

Ta báinín ina luí oscomhair na tine

An bhfuil Báinín ina suí sa ghairdín?

Níl Báinín ina suí sa gharrdín

3.

An mbíonn Fionn ag imirt peile gach lá?

Bíonn Fionn ag imirt peile gach lo

An mbíonn Fionn ag damhsa gach lá?

Ní bhíonn fionn ag damhsa gach la

4.

An mbeidh suipéar deas againn anocht?

Beidh suipear deas againn anocht

An mbeidh ocras ar na páistí anocht?

Ní bhiedh ocrasar na paistí anocht ✓

- **An raibh** tú ar scoil inné?
- **An bhfuil** ocras ort?

- **An mbíonn** tú ag pleidhcíocht ar scoil gach lá?
- **An mbeidh** tú ag rothaíocht amárach?

Anois, bain triail as tú féin. Cum cúpla ceist tú féin ag tosú le:
An raibh...? An bhfuil...? An mbíonn...? An mbeidh...?

Seo leat ag scríobh

Scríobh trí scéal.

Chuir...	Chuaigh...	Thosaigh...
Bhí...	Cheannaigh...	Bhuail...
D'oscail...	Thug...	Rith...

Sampla:

Bhí na páistí ar scoil. **D'oscail** an múinteoir an doras.
Chuir sí fáilte roimh na páistí. **Bhí** lá maith ag na páistí ar scoil.

H **Foclóir nua**

Caint is comhrá ar scoil.

Gabh mo leithscéal, a mhúinteoir.   Labhair Gaeilge liom.   Rinne mé dearmad ar...

An bhfuil cead agam dul amach?   An dtuigeann tú? Tuigim/Ní thuigim

An bhfuil cead agam dul go dtí an leithreas/an leabharlann/an oifig?

Ní féidir liom an cheist seo a dhéanamh.   Ní féidir liom mo chóipleabhar a fháil.

Cad is brí leis sin?   Seo nóta duit.   An bhfuil aon obair bhaile againn inniu?

Conas a deir tú... as Gaeilge?   Conas a litríonn tú...?

Féach ar mo phictiúr.   Cén t-am é, a mhúinteoir?

An bhfuil sé in am lóin?   An bhfuil sé in am dul abhaile fós?

Bain úsáid as na frásaí thuas i rith an lae.
Ansin, cum sceitse beag agus bain úsáid as trí cinn de na frásaí thuas.

I **Seo leat ag scríobh**

An bhfuil Comhairle na nDaltaí i do scoil? Tá tusa ag lorg vótaí. Ar aghaidh leat!

- Is mise _____ .
- Táim i Rang a _____ .
- Táim _____ .
- Ba mhaith liom _____ .
- Aon rud eile? _____

3 Slán Sábháilte

1 Lá breá a bhí ann agus bhí an ghrian ag taitneamh. Rug Ollaí agus Hollaí ar na rothair agus chuaigh siad ar cuairt chuig Uncail Liam. Bhí sé ina chónaí ar Bhóthar na Trá.

2 Nuair a shroich siad an teach, bhí Uncail Liam ag dul amach sa bhád. Thug sé cuireadh do Hollaí agus Ollaí dul in éineacht leis.

Ar mhaith libh teacht amach sa bhád?

Ba bhreá linn!

3 Nuair a bhí siad amuigh ar an bhfarraige, d'éirigh an spéir dorcha agus thit cúpla braon báistí.

Tá gaoth láidir ag séideadh anois.

B'fhéidir go bhfuil stoirm ag teacht.

4 Thug Uncail Liam aghaidh ar an gcaladh.

Rachaimid abhaile... tá sé ródhainséarach.

5 Díreach ansin, chuala Hollaí scread. D'fhéach sí féin agus Ollaí amach ar an bhfarraige. Chonaic siad fear óg ar thonnchlár. Bhí tuirse air agus ní raibh sé ábalta snámh.

Féach ar an bhfear óg!

Tá sé i gcruachás.

6 Leis sin, d'imigh an tonnchlar ón bhfear óg agus thit sé isteach san uisce. Chas Uncail Liam an bád agus thug sé aghaidh ar an bhfear óg.

Tóg go bog é!

Táimid ag teacht!

Ná bí buartha!

7 Stop Uncail Liam an bád in aice leis an bhfear óg agus tharraing sé isteach sa bhád é. Bhí seaicéad tarrthála air ach bhí sé ag crith le heagla.

Suas leat, cabhróidh mé leat!

Go raibh míle maith agat!

8 Thug siad aghaidh ar an gcaladh arís. Tar éis tamaill, bhí siad go léir slán sábháilte.

An bhfuil tú ceart go leor?

Táim ceart go leor, ach tá tuirse orm agus tá ocras orm... agus táim préachta leis an bhfuacht.

Is maith an rud é go raibh seaicéad tarrthála ort.

9 Chuaigh siad abhaile agus rinne Uncail Liam anraith agus pota mór tae.

Tá anraith déanta agam.

Seo cupán tae duit. Tóg é!

Déanfaidh mé cúpla ceapaire.

Tá sibh an-chineálta.

10 An mhaidin ina dhiaidh sin, bhí an scéal sa pháipéar nuachta agus bhí grianghraf d'Uncail Liam agus na páistí ar an gcéad leathanach.

Beidh clú agus cáil orainn as seo amach!

13

? Ceist agam ort

1. Cén saghas lae a bhí ann? *Bhí an Lá gruamhar*
   what type of day
2. Cá ndeachaigh Hollaí agus Ollaí? *Chuaig Hollai agus ollai ceart an*
   where did Holly and Ollie go uncail liam
3. Cá raibh Uncail Liam ina chónaí? _____
   where dear uncle leam live
4. Cad a tharla nuair a bhí siad amuigh ar an bhfarraige?

   _____

5. Cé a chuala an scread? _____
   Who heard the scream
6. Cá raibh an fear óg? _____
   where was the young man
7. Cár stop Uncail Liam an bád? _____
   where did uncle liam stop the boat
8. Cad a d'ith siad go léir? _____
   what did they all eat

👄 Labhair liom – Obair bheirte

Féach ar na ceisteanna seo. Cum freagraí ón scéal.	Féach ar na freagraí seo. Cum ceisteanna ón scéal.
1. Cén dath a bhí ar na rothair?	• *Freagra:* na páistí
2. An raibh féasóg ar Uncail Liam?	• *Freagra:* Rang a Trí
3. Ar rug na páistí ar iasc?	• *Freagra:* dath glas
4. Cén fáth a raibh an fear óg i gcruachás?	• *Freagra:* geata na scoile
5. Cé a bhí ag léamh páipéar nuachta?	• *Freagra:* Pia

✏️ Briathra beo

Críochnaigh na habairtí seo a leanas.

1. Chuala _____ .

2. Chonaic _____ .

3. Tharraing _____ .

4. Stop _____ .

5. Shroich _____ .

6. Thit _____ .

14

Caint is comhrá

- Is maith an rud é go raibh seaicéad tarrthála ort.

clogad	dochtúir	scáth báistí	rothar

1. Is maith an rud é go raibh *scáth báistí* agat.

2. Is maith an rud é go raibh *rothar* ar do cheann.

3. Is maith an rud é go raibh glas ar an *clogad* .

4. *dochtúir* ag an timpiste.

Anois, scríobh d'abairtí féin i do chóipleabhar.

1. Is maith an rud é go raibh _____ .

2. Is maith an rud é go raibh _____ .

- B'fhéidir go bhfuil stoirm ag teacht.

an traein	an dinnéar	ag cur báistí	breithlá	an bus

1. B'fhéidir go bhfuil *an traein* ag teacht.

2. B'fhéidir go bhfuil sé *ag cur báistí*

3. B'fhéidir go bhfuil *an bus* imithe.

4. *an Dinnéar* beagnach réidh.

5. *breithlá* ag Sadhbh.

- Tá sé i gcruachás.

Tá an tiománaí i gcruachás.

Tá an fhoireann peile i gcruachás.

Tá Sam i gcruachás.

Anois, bain triail as tú féin. Tarraing pictiúr agus taispeáin 'i gcruachás'.

Seo leat ag foghlaim

An Aimsir Chaite – Grúpa 1

mé	Dhún mé an doras.	Bhris mé an cupán.
tú	Dhún tú an doras.	Bhris tú an cupán.
sé	Dhún sé an doras.	Bhris sé an cupán.
sí	Dhún sí an doras.	Bhris sí an cupán.
sinn	Dhún**amar** an doras.	Bhris**eamar** na cupáin.
sibh	Dhún sibh an doras.	Bhris sibh na cupáin.
siad	Dhún siad an doras.	Bhris siad na cupáin.

Críochnaigh.

+ amar			+ eamar	
Thóg mé	→	Thóg**amar**	Chuir mé →	Chuir**eamar**
Ghearr mé	→	*Ghearramar*	Chaith mé →	*Chaitheamar*
Sheas mé	→	*Sheasamar*	Thit mé →	*Thiteamar*
D'ól mé	→	*D'ólamar*	D'ith mé →	*D'itheamar*
D'fhan mé	→	*D'fhanamar*	D'éist mé →	*D'éisteamar*

Anois, críochnaigh na habairtí seo a leanas.

1. Bhris mé _An 'var_ .
2. D'fhág mé _an theach_ .
3. Ghearr sí _an cairead_ .
4. Thugamar _an seacalóid_ .
5. Ritheamar _inui_ .

F · Seo leat ag scríobh

Cuir na focail seo a leanas in abairtí iontacha.

1. stoirm: _____ .
2. tonnchlár: _____ .
3. pota tae: _____ .
4. grianghraf: _____ .
5. páipéar nuachta: _____ .

Athscríobh na habairtí.

1. chas sé   Chuala   timpeall   scread   agus   ar nós na gaoithe   an garda

Turned around scream and the gaurd

Chuala an garda

2. san ionad siopadóireachta   an múinteoir   inné   nua   Cheannaigh   cóta báistí

_____

3. an seanfhear   Tar éis tamaill,   ag cur báistí   bhí   fliuch báite   thosaigh sé   agus

_____

4. tuirse an domhain   shroich sí   ar Bheití   an baile mór   nuair a   Bhí

_____

5. na páistí   ceapaire   Nuair a   d'ith siad   chuaigh   mór   abhaile

_____

Cén saghas lae atá ann inniu?

lá gaofar

lá grianmhar

lá ceomhar

lá fliuch

lá scamallach

Lá _____ atá ann inniu.

Tá _____ ann.

Tá _____ ag titim.

lá fuar

tintreach

toirneach

an bháisteach

sneachta

clocha sneachta

Anois, cuir cúig cinn de na focail thuas in abairtí iontacha.

Lá amháin, nuair a bhí na páistí ar scoil, bhí siad ag féachaint ar an teilifís. Bhí scéal brónach ar Nuacht an Lae. Bhí a lán daoine ar fud an domhain gan teach. Bhí siad fuar agus ní raibh mórán éadaí acu. D'éist na páistí go cúramach agus ansin thosaigh an múinteoir ag caint faoin gcruachás.

Múinteoir: Nach bhfuil an scéal go huafásach?

Timmí: Cad a dhéanfaimid?

Thosaigh na cairde ag caint. Bhí plean acu.

Hollaí: A mhúinteoir, an bhfuil cead againn club cniotála a bheith againn?

Múinteoir: Níl a fhios agam conas cniotáil!

Oisín: Tá a fhios agamsa conas cniotáil.

Fionn: Tá a fhios ag Beití conas cniotáil.

Ollaí: Agus tá a fhios ag Mamó agus Daideo conas cniotáil.

Chuaigh na páistí ag siopadóireacht agus cheannaigh siad olann. Cúpla lá ina dhiaidh sin, tháinig na cuairteoirí isteach sa seomra ranga. Thosaigh siad go léir ag cniotáil. Rinne gach páiste cearnóg. Chabhraigh Beití leo.

Aoife: Ní féidir liom é seo a dhéanamh.
Beití: Cabhróidh mé leat.

Tar éis tamaill, bhí a lán cearnóg ag na páistí. Ansin, chuir Mamó agus Daideo na cearnóga le chéile. Tar éis tamaill, bhí blaincéad mór ag na páistí.

Múinteoir: Nach bhfuil sé go hálainn?

Aoife: Déanfaimid ceann eile.

Lean siad orthu ag cniotáil. Ag am lóin, nuair bhí sé fliuch, d'fhan na páistí sa seomra ranga agus bhí siad i gcónaí ag cniotáil. Sa bhaile, rinne gach páiste hata, scaif agus lámhainní.

Mamó: Tá sibh an-chineálta.

Ollaí: Beidh na daoine bochta go breá te anois.

The poor people will be warm

Daideo: Maith sibh!

Ag an deireadh seachtaine, chuaigh na páistí go dtí an siopa carthanachta. Chuaigh Fia agus Éamonn in éineacht leo. Thug siad na héadaí go léir leo.

weekend
charity shop
went with them. They took all the clothes with them

Siopadóir: Tá na héadaí seo go hálainn.

These clothes are beautiful

Éamonn: Rinne na páistí iad ar scoil.

The children made them at school.

Siopadóir: Beidh leoraí mór ag dul thar lear an tseachtain seo chugainn. Beidh áthas ar na daoine bochta. Tá siad i gcruachás.

Bhí bród an domhain ar na páistí nuair a bhí siad ag dul abhaile.

Lá amháin, tháinig an múinteoir isteach sa seomra ranga. Bhí sí ar bís.

Múinteoir: Fuair mé litir sa phost. Tá dea-scéal agam daoibh.

D'oscail sí an litir agus thóg sí amach cúpla grianghraf.

Fionn: Féach ar na héadaí ar na páistí!

Aoife: Sin an scaif a rinne mise.

Ollaí: Sin an hata a rinne mise.

Fionn: Agus sin an blaincéad a rinne Beití!

Múinteoir: Tá na daoine bochta go breá te anois. Maith sibh!

19

A ? Ceist agam ort

(handwritten: what were the children doing)

1. Cad a bhí á dhéanamh ag na páistí?

   (handwritten: Bhí na páisti ag feachaint ar an Teilifís) ✓

   (handwritten: where did the children see the story)

2. Cár chuala na páistí an scéal brónach? *(handwritten: Chuala páistí sceal bronach ar an seomra ranga)* ✗

3. Cad a cheannaigh na páistí? _____ ✗

4. An raibh a fhios ag Beití conas cniotáil? *(handwritten: did Betí now how To nit)* _____ ✗

5. Cé a chuir na cearnóga le chéile? *(handwritten: Who gut the squares together)*

   _____ ✗

6. Cad a rinne na páistí ar lá fliuch?

   _____ ✗

7. Cá ndeachaigh na páistí ag an deireadh seachtaine? *(handwritten: where did the children go at the weekend)*

   _____ ✗

8. Cad a chonaic na páistí sna grianghraif?

   _____ ✗

B 👄 Labhair liom – Obair bheirte

Féach ar na ceisteanna seo. Cum freagraí ón scéal.	Féach ar na freagraí seo. Cum ceisteanna ón scéal.
1. Cé a bhí ag caint faoin gcruachás?	• Freagra: Mamó agus Daideo
2. An raibh Sam agus Alí sa seomra ranga?	• Freagra: sa seomra ranga
3. Cé mhéad blaincéad a rinne na páistí?	• Freagra: Beití
4. Cé a fuair an litir sa phost?	• Freagra: Fia agus Éamonn
5. Cé a chuaigh go dtí an siopa carthanachta?	• Freagra: litir

C ✏️ Briathra beo

Críochnaigh na habairtí seo a leanas.

1. D'oscail _____ .

2. Thóg _____ .

3. Lean _____ .

4. D'éist _____ .

🔵👄 **Caint is comhrá**

- **An bhfuil cead againn club cniotála a bheith againn?**

céilí	ceolchoirm	féasta	margadh cístí	beárbaiciú

1. An bhfuil cead againn _beárbaiciú_ a bheith againn?

2. An bhfuil cead againn _féasta_ a bheith againn?

3. An bhfuil cead againn _margadh cístí_ ?

4. An bhfuil cead againn _ceolchoirm_ a bheith againn?

5. an bhfuil cead agian _____ ?

- **Níl a fhios agam conas cniotáil.**

scipeáil	rothaíocht	bácáil	scátáil	péinteáil

1. Níl a fhios agam conas _scátáil_ .

2. Níl a fhios agam conas _péintál_ .

3. Níl a fhios agam conas _rothaíocht_ .

4. Níl a fhios agam conas _scipeál_ .

5. Níl a fhios agam conas _bácáil_ .

- **Cabhróidh mé leat!**

Cabhróidh mé leat.

Cabhróidh mé leat.

Cabhróidh mé leat.

Anois, bain triail as tú féin. Tarraing pictiúr agus taispeáin 'Cabhróidh mé leat!'

21

An Aimsir Chaite – Grúpa 2

mé	Thosaigh mé ag canadh.	Bhailigh mé na húlla.
tú	Thosaigh tú ag canadh.	Bhailigh tú na húlla.
sé	Thosaigh sé ag canadh.	Bhailigh sé na húlla.
sí	Thosaigh sí ag canadh.	Bhailigh sí na húlla.
sinn	Thos**aíomar** ag canadh.	Bhail**íomar** na húlla.
sibh	Thosaigh sibh ag canadh.	Bhailigh sibh na húlla.
siad	Thosaigh siad ag canadh.	Bhailigh siad na húlla.

Críochnaigh.

+ aíomar		+ íomar	
Thosaigh mé	→ Thosaíomar	Bhailigh mé →	Bhailíomar
Cheannaigh mé	→ *Cheannaíomar*	Chuidigh mé →	*Chuidíomar*
Chabhraigh mé	→ *Chabhraíomar*	Dheisigh mé →	*Dheisíomar*
Chríochnaigh mé	→ *Chríochnaíomar*	Dhúisigh mé →	*Dhúisíomar*
D'ullmhaigh mé	→ *D'ullmhaíomar*	D'éirigh mé →	*D'éiríomar*

Anois, críochnaigh na habairtí seo a leanas.

1. D'éirigh mé *ar an madin* .

2. Thosaigh tú *an tromptemar* .

3. Ghortaigh sé *an lamh* .

4. Cheannaíomar *an seacloid* .

5. D'ullmhaigh siad *an cata*

Cuir na focail seo a leanas in abairtí iontacha.

1. ag cniotáil: _____ .

2. teilifís: _____ .

3. cuairteoirí: _____ .

4. blaincéad: _____ .

5. siopa carthanachta: _____ .

G ✏️ **Seo leat ag scríobh**

Líon na bearnaí agus scríobh an scéal.

Éadaí Nua

nua	an chulaith spóirt	Féach	go hálainn
a bhí ann	abhaile	ag siopadóireacht	an bóthar
ag scátáil	Cheannaigh	an pháirc	Chuaigh	timpeall

(handwritten annotations above words: breakfast, look, lovely, it was, home, shopping, room, skating, bought, park, went, around)

Breithlá Aoife _a bhí ann_ ✓. Fuair sí caoga euro ó Mhamó agus Daideo. 'Tá sé sin go hiontach. Tá éadaí nua ag teastáil uaim,' arsa Aoife. _Chuaigh_ sí féin agus Mamaí go dtí an t-ionad siopadóireachta. Chaith siad an lá _ag siopadóireacht_. Cheannaigh Aoife geansaí _go hálainn_ i siopa amháin. Chonaic sí péire brístí i siopa eile agus bhí siad _go hálainn_. Tar éis tamaill, chuaigh siad go dtí an siopa spóirt. '_Féach_ ar an gculaith spóirt sin,' arsa Aoife. 'Tá sé go hálainn.' _Cheannaigh_ sí an chulaith spóirt. Nuair a chuaigh sí _abhaile_, chuir sí an chulaith spóirt nua uirthi. Ghlaoigh sí ar a cara, Sadhbh, agus chuaigh siad go dtí _an pháirc_. Thosaigh siad _ag scátáil_. Díreach ansin, chonaic Sadhbh Beití ag siúl síos _an bóthar_ 'Sin Beití!' arsa Sadhbh. Go tobann, chas Aoife _timpeall_ ✓ ach shleamhnaigh sí. Stróic sí _an chulaith spóirt_ nua. Aoife bhocht!

H 📖 **Foclóir nua**

Tá éadaí nua ag teastáil uaim!

geansaí	seaicéad	brístí	culaith spóirt
hata agus scaif	sciorta	t-léine	culaith snámha
bróga	bróga reatha	buataisí	culaith oíche

Anois, pioc cúig cinn de na focail thuas agus scríobh abairtí iontacha.

23

ag scríobh scéalta

cuntar

ag éisteacht

SIOPA LEABHAR

ciorcal cainte

údar

leabhar

ag déanamh

ag léamh

leabharmharc

leabharlann

CIÚNAS

ceisteanna

ag smaoineamh

foireann

quiz boird

tóraíocht taisce

margadh leabhar

ag díol

ag ceannach

taispeántas ealaíne

comórtas filíochta

an pictiúr is fearr

duaiseanna

ag tarraingt

cartún

rang ealaíne

pónaireán

📖 **Ócáidí speisialta**

Máirt na bPancóg	Lá 'le Bríde	Lá 'le Pádraig
An Cháisc	An Nollaig	Lá 'le Stiofáin
Mo bhreithlá	Laethanta saoire	Lá Vailintín
Oíche Shamhna	Oíche Nollag	Oíche Chaille

Cum sceitse beag faoi cheann de na hócáidí speisialta thuas.

B 🔵 **Ceangail na habairtí.**

An Nollaig a bhí ann agus •   • fuair na páistí a lán uibheacha Cásca.

Máirt na bPancóg a bhí ann agus •   • chuaigh na cairde go dtí an pharáid.

Oíche Shamhna a bhí ann agus •   • bhí aon choinneal déag ar an gcáca milis.

Mo bhreithlá a bhí ann agus •   • chuaigh an chlann ag campáil go dtí an Fhrainc.

Lá 'le Pádraig a bhí ann agus •   • bhí a lán bronntanas faoin gcrann.

Na laethanta saoire a bhí ann agus •   • rinne Beití pancóga do na páistí go léir.

An Cháisc a bhí ann agus •   • chuaigh na páistí ó theach go teach.

C 👄 **Seo libh ag caint**

☆ **Cén ócáid speisialta is maith leat?**

   • Is maith liom an Nollaig ach is fearr liom an Cháisc.

   • Is maith liom... ach is fearr liom...

26

D ✏️ **Seo leat ag scríobh**

Ceartaigh na botúin agus athscríobh na habairtí.

1. Chuaigh an feirmeoir go dtí sa siopa inné.

_____

2. Thóg an seanfhear an leabhar as an mála amárach.

_____

3. Chuiramar na cupáin ar an mbord sa chistin.

_____

4. Bíonn na páistí ag súgradh sa clós gach lá.

_____

E ✏️ **Seo leat ag scríobh**

Féach ar na pictiúir agus scríobh an scéal.

Meigeall agus Mugall

a bhí ann   an droichead   ag iascaireacht   t-léinte   chroch   an-te

ag ithe agus ag ól   picnic   díreach ansin   ghoid
slat iascaireachta   ní fhaca

Go tobann,   ar nós na gaoithe   fearg an domhain   sna trithí gáire
Go bhfóire Dia orainn!   na gabhair

A 👂 Teanga ó bhéal – Éisteacht

⭐ Éist agus scríobh **A** nó **B**.

1. B 2. A 3. A 4. A

5. A 6. B 7. A B 8. A

⭐ Éist leis an scéal agus scríobh **A** nó **B**.

1. B 2. A B 3. B 4. A B

5. B 6. B 7. B A 8. A B

B 👄 Teanga ó bhéal – Labhairt

Labhair le do chara faoin bpictiúr.

- Cad a fheiceann tú?
- Cé atá ag...?
- An maith leat...?
- An dóigh leat go bhfuil...?
- Cad atá á dhéanamh ag...?

- An bhfeiceann tú... ag...?
- Cé atá sa...?
- An fearr leat...?
- Cá bhfuil an...?
- Cad atá i lámh...?

- An bhfuil... ag...?
- Cé atá ar an...?
- Taispeáin dom an...
- Cuir do mhéar ar an...
- Cén fáth a bhfuil... ag...?

- Feicim...
- Tá/Níl... ag...
- Is dóigh liom go bhfuil...

- B'fhéidir go bhfuil...
- Is/Ní maith liom...
  ach is fearr liom...

☆ **Athscríobh na habairtí iontacha seo.**

Bhris

Bhris   an múinteoir   an cupán   sa seomra foirne   inné.

1. Chroch

_____

2. Shroich   inné.

_____

3. Chonaic   ar maidin.

_____

4. Thóg   inné.

_____

☆ **Ceangail agus athscríobh na habairtí i do chóipleabhar.**

An bhfuil cead agam   agus chuaigh na páistí go dtí an pháirc.

Rith an t-aeróstach síos an bóthar   an múinteoir tinn mar níl sé ar scoil.

An Satharn a bhí ann   bhí sí slán sábháilte.

B'fhéidir go bhfuil   dul go dtí an leabharlann?

Is maith an rud é   go raibh scáth fearthainne agat sa charr.

Nuair a chabhraigh an garda leis an gcailín óg   ar nós na gaoithe.

☆ **Críochnaigh na habairtí seo a leanas.**

1. An fómhar a bhí ann agus ___~~Bótmar~~ ag duilleoga a titim___ ✓

2. Mí na Nollag a bhí ann agus ___ag cur sneachta___ ✓

3. Lá fliuch a bhí ann agus ___ag cur báistí___ ✓

4. An Satharn a bhí ann agus ___Bhí an ghrianhar___ ✓

6 Timpiste san Áiléar

Bhí Oisín agus Alana sona sásta sa teach nua.
Tar éis cúpla lá, tháinig Fionn agus Sadhbh ar cuairt.

Sadhbh: Seo cúpla cáca ón mbácús.

Alana: Go raibh míle maith agat.

Fionn: Agus seo bláthanna ó mo Mhamaí.

Shiúil na páistí timpeall agus thaispeáin Oisín na seomraí go léir dóibh. Chonaic siad an chistin agus an seomra bia. Bhí seomra suí thíos staighre freisin. Ansin, d'fhéach siad amach agus chonaic siad bláthanna deasa ag fás sa ghairdín.

Sadhbh: Tá an teach nua go hálainn!

Oisín: Is breá liom mo sheomra codlata nua.

Fionn: An rachaimid suas an staighre?

Alana: Ceart go leor.

Suas an staighre leo, céim ar chéim. Chonaic siad na seomraí codlata agus bhí siad go hálainn. Bhí Éamonn san áiléar. Chuaigh Fionn suas an dréimire agus d'fhéach sé isteach.

Fionn: Cad atá á dhéanamh agat?

Éamonn: Táim ag obair... ach bí cúramach.
Ná tar isteach anseo.
Tá sé ródhainséarach!

Lean Éamonn den obair agus bhí Fionn ag caint leis.

Fionn: Níl aon áiléar i mo theach. Tá cónaí orm in árasán.

Éamonn: Bhuel, tá an teach seo go hálainn.

Leis sin, sheas Éamonn ar phíosa adhmaid.
Bhris an t-adhmad agus thit Éamonn síos tríd an tsíleáil isteach sa seomra codlata.

Rith na páistí isteach sa seomra codlata. Bhí poll mór sa tsíleáil agus bhí Éamonn ina luí ar an leaba. Bhí smúit ar fud na háite.

Sadhbh: Go bhfóire Dia orainn!

Alana: An bhfuil tú ceart go leor?

Éamonn: Tá... ach tá mo gheansaí stróicthe agus tá poll mór i mo bhríste!

Fionn: Tá poll mór sa tsíleáil freisin!

Oisín: Bhí an t-ádh ort go raibh an leaba ann.

Éamonn: Bhí an t-ádh orm go raibh sibhse ann freisin.

Chuaigh siad go léir síos an staighre. Luigh Éamonn síos ar an tolg. Bhí náire air mar stróic sé a bhríste agus a gheansaí. Thug Oisín bríste agus geansaí eile do Dhaidí. Bhí Alana buartha. Thug sí barróg do Dhaidí.

Alana: An bhfuil tú ceart go lear?

Éamonn: Táim ceart go leor, a stór.

Oisín: Ná bí buartha, Alana.

Fionn: Ar mhaith leat cupán tae?

Éamonn: Ba bhreá liom cupán.

Sadhbh: Agus cáca milis. Tá tú an-bhán.

Alana: Daidí bocht!

Oisín: An tsíleáil bhocht!

Thosaigh siad go léir ag gáire.

An lá ina dhiaidh sin, tháinig tógálaí go dtí an teach. Dheisigh sé an tsíleáil agus nuair a bhí sé críochnaithe, thosaigh sé ag caint le Daidí. Bhí plean acu.

Éamonn: Tá smaoineamh maith agam!

Tar éis cúpla seachtain, bhí seomra spraoi san áiléar. Bhí áthas an domhain ar Oisín agus Alana. Tháinig na cairde ar cuairt ó am go ham agus bhí an-spórt acu go léir sa seomra spraoi nua.

31

Ceist agam ort

1. An raibh Oisín agus Alana sásta sa teach nua?

   _____

2. Cé a tháinig ar cuairt? _____

3. Cad iad na seomraí a bhí thíos staighre? _____

4. Cá raibh Éamonn? _____

5. An raibh Fionn fiosrach?

   _____

6. Cár thit Éamonn?

   _____

7. Cé a dheisigh an tsíleáil?

   _____

8. Cén fáth a raibh áthas ar Oisín agus Alana?

   _____

B

Labhair liom – Obair bheirte

Féach ar na ceisteanna seo. Cum freagraí ón scéal.	Féach ar na freagraí seo. Cum ceisteanna ón scéal.
1. Cé a thug bláthanna do na comharsana nua?	• *Freagra:* Éamonn
2. Cén dath a bhí ar éadaí Oisín?	• *Freagra:* thíos staighre
3. Cé a chuaigh suas an dréimire?	• *Freagra:* sa bhríste agus sa tsíleáil
4. Cé a chabhraigh le hÉamonn?	• *Freagra:* gúna corcra
5. Cad a fheiceann tú sa seomra spraoi?	• *Freagra:* casúr dearg

C

Briathra beo

Scríobh trí scéal.

Bhris...	Chuaigh...	Shiúil...
Chuir...	Stróic...	D'fhéach...
D'oscail...	Thosaigh...	Thit...
Bhí...	Dheisigh...	Thosaigh...

Caint is comhrá

• **An rachaimid suas an staighre?**

amach sa chlós	an margadh sa pháirc	an músaem	ar laethanta saoire

1. An rachaimid go dtí _____ ?

2. An rachaimid _____ ?

3. An rachaimid _____ ?

4. An rachaimid go dtí _____ ?

• **Bhí an t-ádh orm go raibh sibhse ann freisin.**

clogad	dréimire	garda	cóta báistí

1. Bhí an t-ádh orm go raibh _____ agam.

2. Bhí an t-ádh orm go raibh _____ ann.

3. Bhí an t-ádh orm go raibh _____ ann.

4. Bhí an t-ádh orm go raibh _____ agam.

Anois, scríobh d'abairtí féin i do chóipleabhar.

1. Bhí an t-ádh orm go raibh _____ .

2. Bhí an t-ádh orm go raibh _____ .

• **Bí cúramach! Ná tar isteach anseo.**

Bí cúramach!
Ná tar isteach anseo.

Bí cúramach!
Ná tar isteach anseo.

Bí cúramach!
Ná tar isteach anseo.

Tarraing pictiúr agus taispeáin 'Bí cúramach! Ná tar isteach anseo!'

Damhsa na mBriathra

Ar bhuail tú?   Bhuail mé/Níor bhuail mé

Ar chaith tú?   Chaith mé/Níor chaith mé

Ar thóg tú?   Thóg mé/Níor thóg mé

Buail! Caith! Tóg!

- **Cuir ceol leis na ceisteanna thuas.**

Damhsa na mBriathra

Ar ith tú?   D'ith mé/Níor ith mé

Ar ól tú?   D'ól mé/Níor ól mé

Ar éist tú?   D'éist mé/Níor éist mé

Ith! Ól! Éist!

- **Obair bheirte: Cuir cúpla ceist ar do chara.**

Damhsa na mBriathra

Ar thosaigh tú?   Thosaigh mé/ Níor thosaigh mé

Ar bhailigh tú?   Bhailigh mé/ Níor bhailigh mé

Ar dhúisigh tú?   Dhúisigh mé/ Níor dhúisigh mé

Tosaigh! Bailigh! Dúisigh!

- **Cuir rap leis na ceisteanna thuas.**

Damhsa na mBriathra

Ar fhan tú?   D'fhan mé/Níor fhan mé

Ar fhág tú?   D'fhág mé/Níor fhág mé

Ar fhéach tú?   D'fhéach mé/ Níor fhéach mé

Fan! Fág! Féach!

- **Cuir trí cinn de na focail thuas in abairtí.**

Anois, scríobh damhsa nua. Ar aghaidh libh!

Ar _____ tú?   _____ mé.   Níor _____ mé.

Ar _____ tú?   _____ mé.   Níor _____ mé.

Ar _____ tú?   _____ mé.   Níor _____ mé.

_____!   _____!   _____!

F ✏ **Seo leat ag scríobh**

Freagair na ceisteanna.

1. Ar chaith tú cóta ar maidin? _____

2. Ar ól tú bainne sa chistin inniu? _____

3. Ar fhéach tú ar an teilifís ar maidin? _____

4. Ar ith tú úll ag am lóin inniu? _____

Mo theach

sa chistin

sa halla

sa seomra suí

thuas staighre

ar an staighre

thíos staighre

sa leithreas

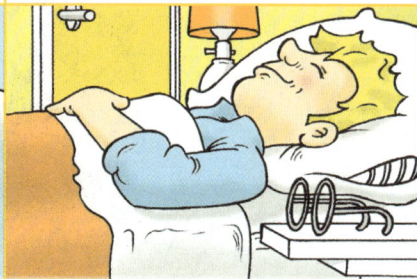

sa seomra folctha

sa seomra codlata

Cuir na rudaí seo sa seomra ceart.

1. Tá an t-oigheann _____.

2. Tá an teilifís _____.

3. Tá an tuáille _____.

4. Tá an cuisneoir _____.

5. Tá an tolg _____.

6. Tá an leaba _____.

7. Tá an scáth báistí _____.

8. Tá an cat _____.

Anois, pioc cúig cinn de na focail thuas agus scríobh abairtí iontacha.

Sampla: Thosaigh an peileadóir ag ithe <u>sa chistin</u> ar maidin.

1. _____

2. _____

3. _____

4. _____

5. _____

Oíche Shamhna a bhí ann agus bhí an ghealach go hard sa spéir. Ní dheachaigh na páistí amach an oíche sin mar bhí sé róghaofar. D'fhan siad sa bhaile agus ar a cúig a chlog, tháinig na cairde ar cuairt. D'ith siad úlla, piorraí agus cnónna. Ansin, thosaigh siad ag imirt cluichí.

Hollaí:	Cad a dhéanfaimid anois?
Timmí:	Thug mé scannán liom – ar mhaith libh féachaint air?
Aoife:	Cén ceann é?
Sadhbh:	*An Chailleach, an Fathach agus an Taibhse – Cuid 2.*
Oisín:	Chuala mé faoin scannán sin.
Ollaí:	Tá sé ar fheabhas – chonaic mé é an bhliain seo caite.
Fionn:	Seo linn – rachaimid isteach sa seomra suí.

Shuigh na cairde síos os comhair na tine. Rith Alí, Sam agus Alana isteach sa seomra suí.

Alí:	An bhfuil cead againn féachaint ar an scannán freisin?
Ollaí:	Níl – tá sibh ró-óg.
Sam:	Níl sé sin cothrom!
Alí:	Cad a dhéanfaimid anois?
Hollaí:	Gheobhaidh mé míreanna mearaí daoibh.
Sam:	Níl sé sin cothrom!
Oisín:	Agus uachtar reoite?
Alana:	Ceart go leor.

Leis sin, shuigh na cairde síos agus d'fhéach siad ar an scannán. Ach bhí eagla an domhain orthu. Tar éis tamaill, d'oscail an doras agus tháinig Mamaí isteach sa seomra suí. Léim na páistí go léir!

They where very scared

Ollaí: Go bhfóire Dia orainn!

Mamaí: An bhfuil sibh ceart go leor?

Hollaí: Tá cinnte – níl eagla ormsa!

Páistí: Ná ormsa! *I'm not scared*

Mamaí: Ceart go leor – bainigí taitneamh as an scannán.

Nuair a bhí an scannán thart, bhí na páistí ag crith le heagla. Ach ní raibh Ollaí le feiceáil in aon áit. Bhí sé imithe! — *The children where shaking with fear*

Hollaí: Cá bhfuil Ollaí?

Timmí: B'fhéidir go bhfuil sé imithe ar luí.

Sadhbh: B'fhéidir go bhfuil sé ag súgradh leis na páistí óga.

Go tobann, chuala na páistí torann ag an bhfuinneog. D'fhéach siad amach sa ghairdín. Ba bheag nár thit siad i laige! Cad a chonaic siad ach taibhse ag eitilt tríd an aer! Lig Fionn béic as. Rith Timmí agus Oisín isteach faoin mbord. Rith Sadhbh agus Aoife isteach chuig Mamaí ar nós na gaoithe.

Páistí: Tá taibhsí sa ghairdín!

Ní raibh eagla ar Hollaí. D'oscail sí an doras agus las sí an solas. Chonaic sí braillín bhán ar an líne éadaí – ag luascadh sa ghaoth. Agus ansin, chuala sí Ollaí agus na páistí óga sna trithí gáire.

Hollaí: Rógairí!

A ❓ Ceist agam ort

1. Cén ócáid speisialta a bhí ann? _Bhí an oíche shamhna a bllí ann_

2. Cé a tháinig ar cuairt? _Bhí na cairde_

3. An raibh na páistí ag imirt peile? _Ní ag páistíag imirt peile_

4. Ar fhéach na páistí óga ar an scannán?
   Ní páistí óga ag féach ar an scannán

5. Cad a rinne na páistí óga? _B hí na páistíóga_

6. Cad a tharla nuair a tháinig Mamaí isteach sa seomra suí?

   _____

7. Cad a chonaic na páistí sa ghairdín?

   _____

8. Cén fáth ar rith Timmí agus Oisín isteach faoin mbord?

   _____

B 👄 Labhair liom – Obair bheirte

Féach ar na ceisteanna seo. Cum freagraí ón scéal.	Féach ar na freagraí seo. Cum ceisteanna ón scéal.
1. An raibh bananaí ar an mbord?	• *Freagra:* go hard sa spéir
2. Cé a bhí ag ithe piorra?	• *Freagra:* Timmí
3. Cad a bhí á chaitheamh ag Sam?	• *Freagra:* braillín bhán
4. An raibh eagla ar Hollaí?	• *Freagra:* os comhair na tine
5. Cad a bhí ag luascadh sa ghaoth?	• *Freagra:* torann

C ✏️ Briathra beo

Scríobh trí scéal.

Shuigh...	Chonaic...	Chuala...
D'ith...	Bhí...	Thit...
Chuir...	D'oscail...	Lig...
D'fhan...	D'fhéach...	Thosaigh...

Caint is comhrá

- **Bain taitneamh as an scannán.**

ceolchoirm	laethanta saoire	leabhar grinn	féasta

1. Bain taitneamh as an _____ .

2. Bain taitneamh as an bh _____ .

3. Bain taitneamh as an g _____ .

4. Bain _____ .

- **Cad a chonaic siad ach taibhse ag eitilt tríd an aer.**

Beití ag snámh	an píolóta ag marcaíocht
an garda ag imirt sacair	an príomhoide ag scátáil

1. Cad a chonaic siad ach _____ síos an bóthar.

2. Cad a chonaic siad ach _____ sa pháirc.

3. Cad a chonaic siad ach _____ ag an rinc scátála.

4. Cad _____ sa linn snámha.

- **Cad a dhéanfaimid anois?**

| Cad a dhéanfaimid anois? | Cad a dhéanfaimid anois? | Cad a dhéanfaimid anois? |

Tarraing pictiúr agus taispeáin 'Cad a dhéanfaimid anois?'

?	✔	✗
An raibh	Bhí	Ní raibh
An ndearna	Rinne	Ní dhearna
An ndeachaigh	Chuaigh	Ní dheachaigh
An bhfaca	Chonaic	Ní fhaca
An bhfuair	Fuair	Ní bhfuair
An ndúirt	Dúirt	Ní dúirt

Freagair na ceisteanna.

1. **An raibh** na páistí ag obair go dian?

   <u>Bhí</u> na páistí ag obair go dian.

   An raibh na páistí ag pleidhcíocht?

   <u>Ní raibh</u> na páistí ag pleidhcíocht.

2. **An ndearna** Sadhbh an obair bhaile aréir?

   Rinne ~~An~~ Sadhbh an obair bhaile aréir

3. **An ndeachaigh** an príomhoide abhaile ar an rothar?

   Chuaigh an príomhoide abhaile aran rothar

4. **An bhfaca** Colm na páistí sa bhácús?

   Ní faca Colm na páist sa bhácús

5. **An bhfuair** Oisín mála scoile nua don bhreithlá?

   Ní bhfuair Oisín mala scoile nua don bhreithla

6. **An ndúirt** an sagart na paidreacha sa séipéal?

   Dúirt

F 📖 Foclóir nua

An rang corpoideachais – spórt is spraoi.

Go n-éirí leat!   Go n-éirí libh!

Ar aghaidh leat!   Bain triail as!   Bhuel, sin dúshlán!   Mo sheans anois!

Brostaigh!   Brostaigh ort!   Déan deifir!   Fan liomsa!

Cúl!   Cúilín!   Ciseán!

Féach cad a rinne tú!   Ní ormsa atá an locht!   Níl sé sin cothrom!

Ná bí ag maíomh!   Bí cúramach!   Tóg go bog é!   Tá brón orm!

Mo thrua thú!   Ná bí buartha!   Mí-ádh!

Seo leat!   Seo duit!   Tabhair domsa é!   Caith chugam é!   Anseo!

Maith thú!   Maith sibh!   Maith an buachaill!   Maith an cailín!

Ar fheabhas!   Go hiontach!   Thar barr!   Dochreidte!

Tá an bua ag...   Tá an bua ag an bhfoireann ghorm!   Comhscór!

Bhí an-spórt againn go léir!   Go raibh míle maith agat!   Comhghairdeas!

Bain úsáid as na frásaí thuas i rith an lae.
Ansin, cum sceitse beag agus bain úsáid as cúpla ceann de na frásaí thuas.

G 📖 Dán deas

Oíche Shamhna

1. Nuair a thagann Oíche Shamhna
   Bíonn spraoi againn is spórt,
   Rudaí deasa againn le n-ithe,
   Cístí milse de gach sórt.

2. Faighimid an báisín uisce,
   Cuirimid deich cent isteach,
   Téimid ag tumadh cinn ann,
   Chun an t-airgead a bhaint amach.

3. Ins an mbáirín breac tá fáinne,
   Píosa éadaigh, is cipín;
   Bíonn spórt againn á lorg
   Sinn de shíor ag déanamh grinn.

4. Cuirimid an téad ar sileadh,
   Ar a deireadh úll breá deas,
   Bímíd uile ar cipíní
   Ag iarraidh greim a thógáil as.

5. Ceol is spórt, is scléip is aoibhneas
   Idir óg is aosta fiáin;
   Ceol is greann i gcroí gach éinne
   Oíche Shamhna, uair sa bhliain.

Lionard Ó hAnnaidh

Bhí ceithre bhrat ghlasa ag an scoil agus bhí bród an domhain ar na páistí. Bhí an scoil go hálainn agus gach téarma, bhí lá speisialta acu chun an scoil a ghlanadh. Ach bhí díomá ar na páistí. Bhí an sruthán sa bhaile mór an-salach.

Múinteoir: Cad atá cearr libh? Níl sibh róshásta.

Sadhbh: Tá an scoil go hálainn ach tá an sruthán in aice na scoile an-salach.

Fionn: Ba chóir dúinn rud éigin a dhéanamh faoi.

Múinteoir: Ceart go leor. Beidh meitheal oibre againn ag an deireadh seachtaine.

Aoife: Cuirfimid feabhas ar an sruthán.

Hollaí: Bhuel, sin dúshlán!

Ollaí: Tabharfaimid cuireadh do gach éinne cabhrú linn.

Rinne na páistí póstaeir agus ar an mbealach abhaile, stop siad sa bhaile mór. Chroch siad na póstaeir sa bhácús agus san ollmhargadh. Chroch an leabharlannaí fógra sa leabharlann agus chroch an sagart fógra sa séipéal. Ar an Satharn, chuir Fionn téacs chuig na páistí.

Ná déan dearmad ar an meitheal oibre. Bí thíos ag an sruthán ar a deich a chlog.

Chuir Hollaí agus Ollaí seanéadaí agus buataisí orthu. Chuaigh gach éinne síos go dtí an sruthán. Bhí slua mór daoine ann an mhaidin sin agus bhí siad ag obair go dian. Líon na páistí málaí móra dubha le bruscar. Bhailigh na cairde cannaí, buidéil agus málaí plaisteacha. Bhailigh na páistí óga duilleoga a bhí ar an talamh.

Chuir Pedro agus Pia plandaí timpeall ar na crainn. Ansin, chroch na múinteoirí bia do na héin ó na crainn.

Hollaí: Tiocfaidh na beacha agus na féileacáin go dtí na bláthanna sa samhradh.

Oisín: Tiocfaidh na héiníní agus íosfaidh siad na cnónna agus na síolta.

Timmí: An féidir linn rang eolaíochta a bheith againn thíos ag an sruthán?

Múinteoir: Is féidir – féachfaimid ar na plandaí agus ar na créatúir a thagann ar cuairt.

Ghearr an sagart an féar agus ghearr na tuismitheoirí na sceacha a bhí ag titim isteach san uisce. Chuir an garda, an leabharlannaí agus na tuismitheoirí eile péint ar an droichead mar bhí sé go huafásach. Chuir an bainisteoir ón ollmhargadh fógra ar bhruach an tsrutháin.

NÁ CAITEAR BRUSCAR ANSEO!

Ag deireadh an lae, bhí an sruthán go hálainn. Bhí áthas ar mhuintir an bhaile nuair a bhí an obair críochnaithe. Bhí bród an domhain ar na páistí freisin.

Maidin Dé Máirt, fuair an múinteoir litir sa phost.

Múinteoir: Fuair an scoil an cúigiú Brat Glas agus fuair sibh teastas don obair a rinne sibh ar an sruthán. Tabharfaidh mé pas obair bhaile daoibh anocht. Maith sibh!

? **Ceist agam ort**

1. Cé mhéad brat glas a bhí ag an scoil? _____

2. Cad a tharla gach téarma? _____

3. Cár chroch na páistí na póstaeir?

   _____

4. Cé a chroch an fógra sa séipéal? _____

5. Cad a rinne Fionn ar an Satharn? _____

6. Cad a bhailigh na páistí óga? *ar an féar*

7. Cé a ghearr an féar? *An próist ghearr an féar*

8. Cad a thug an múinteoir do na páistí ar an Máirt?

   Thug an múinteoir litir do na páistí

B 👄 **Labhair liom – Obair bheirte**

Féach ar na ceisteanna seo. Cum freagraí ón scéal.	Féach ar na freagraí seo. Cum ceisteanna ón scéal.
1. Cad a bhí sa sruthán salach?	• *Freagra:* sa leabharlann
2. Cé mhéad lacha a bhí ag snámh sa sruthán?	• *Freagra:* a deich a chlog
3. An raibh a lán daoine ag an sruthán?	• *Freagra:* Pedro agus Pia
4. An raibh Beití agus Bágún ag an sruthán?	• *Freagra:* ar an droichead
5. Cé mhéad brat glas atá ag do scoil?	• *Freagra:* litir

C ✏️ **Briathra beo**

Líon	Chroch	Bhailigh	Ghearr	Tháinig	Sheas

1. _____ mé na cóipleabhair sa seomra ranga.

2. _____ an leabharlannaí píosa aráin sa chistin inné.

3. _____ fear an phoist abhaile ag am bricfeasta.

4. _____ an seanfhear an cóta sa halla ar maidin.

5. _____ an gruagaire ag stad an bhus ar a cúig a chlog inniu.

6. _____ an cailín beag an buicéad le huisce.

Caint is comhrá

• **Cuirfimid feabhas ar an sruthán.**

an leabharlann scoile	an scríbhneoireacht	an obair bhaile

1. Cuirfimid feabhas ar _____ .

2. Cuirfimid feabhas ar _____ .

3. Cuirfimid feabhas ar _____ .

• **Ná déan dearmad ar an meitheal oibre.**

an lón	an chulaith shnámha	airgead
an nóta ó Mham	na bróga peile	an mála scoile

1. Ná déan dearmad ar _____ .

2. Ná déan dearmad ar _____ .

3. Ná déan dearmad ar _____ .

4. Ná déan dearmad ar _____ .

5. Ná _____ ar an _____ don turas scoile.

6. Ná _____ ar _____ .

• **Bhuel, sin dúshlán!**

Bhuel, sin dúshlán!

Bhuel, sin dúshlán!

$$\frac{13 \times 16 + 7}{5} = ?$$

Bhuel, sin dúshlán!

Anois, bain triail as tú féin. Tarraing pictiúr agus taispeáin 'Bhuel, sin dúshlán!'

Obair bheirte: Léigh an t-ordú agus tabhair ordú eile.

- Bailigh na cóipleabhair.　　　　Bailigh...
- Cas ar siúl an ríomhaire.　　　　Cas...
- Cuir isteach an lón.　　　　Cuir isteach...
- Cuir slacht ar an seomra.　　　　Cuir...
- Cuir suas na cathaoireacha.　　　　Cuir suas...
- Dún an doras.　　　　Dún...
- Éist leis an múinteoir.　　　　Éist leis...
- Féach ar an gclár bán.　　　　Féach ar...
- Múch na soilse.　　　　Múch...
- Oscail an doras.　　　　Oscail...
- Pioc suas na páipéir.　　　　Pioc suas...
- Scríobh síos an obair bhaile.　　　　Scríobh síos...
- Suígí síos.　　　　Suígí...
- Seasaígí suas.　　　　Seasaígí...
- Tabhair an nóta don mhúinteoir.　　　　Tabhair....
- Téigh go dtí an leabharlann.　　　　Téigh go dtí...
- Tóg amach an peann luaidhe.　　　　Tóg amach...
- Tosaigh ag obair.　　　　Tosaigh ag...

Seo leat anois.

- Bain úsáid as na frásaí thuas i rith an lae.
- Ansin, cum sceitse beag agus bain úsáid as cúig cinn de na frásaí thuas.
- Scríobh síos na horduithe a thugann Mamaí nó Daidí duit sa bhaile.

1. _____
2. _____
3. _____

🖊 **Seo leat ag scríobh**

Líon na bearnaí agus scríobh an scéal.

I gCruachás

amárach	a bhí ann	Nuair a	shroich	sona sásta
seomra ranga	D'oscail	ag caoineadh		seomra suí
an príomhoide	gheobhaidh	geata na scoile		an leabhar

An Chéadaoin _____ agus bhí na páistí ag déanamh an obair bhaile sa

_____ . Bhí dán Gaeilge le foghlaim ag Sadhbh ach ní raibh _____ sa

mhála scoile. 'D'fhág mé mo leabhar ar scoil,' arsa Sadhbh. 'Beidh mé i dtrioblóid

_____ . Rithfidh mé ar ais ar scoil agus _____ mé an leabhar.' Amach

an doras le Sadhbh agus _____ sí an scoil ar a ceathair a chlog. Bhí an scoil fós

oscailte. Isteach sa scoil léi agus rith sí go dtí an _____ . Díreach ansin,

d'fhág an príomhoide an scoil. _____ shroich Sadhbh doras na scoile arís, bhí an

doras faoi ghlas. Chonaic sí an príomhoide ag rothaíocht amach _____ .

Bhí Sadhbh i gcruachás. Shuigh sí síos agus thosaigh sí _____ . Ní raibh

fón póca ag Sadhbh. Díreach ansin, bhuail smaoineamh í. _____ sí fuinneog. Go

tobann, bhuail an t-aláram. Chuala _____ an t-aláram agus chuaigh sí ar

ais go dtí an scoil. Bhí náire an domhain ar Shadhbh ach bhí sí _____ nuair a

tháinig an príomhoide ar ais.

📖 **Foclóir nua**

Na hábhair scoile

Gaeilge		Béarla		Matamaitic	
Stair		Tíreolaíocht		Eolaíocht agus Nádúr	
Ceol	Corpoideachas		Ealaín agus Ceardaíocht		Reiligiún

👄 **Seo libh ag caint**

- Cén t-ábhar scoile is maith leat?
- Is maith liom... ach is fearr liom...
- Cén t-ábhar scoile is maith le do chara?

- An maith leat Gaeilge?
- An maith leat matamaitic?
- An maith leat corpoideachas?

9 Seachtain na Sláinte

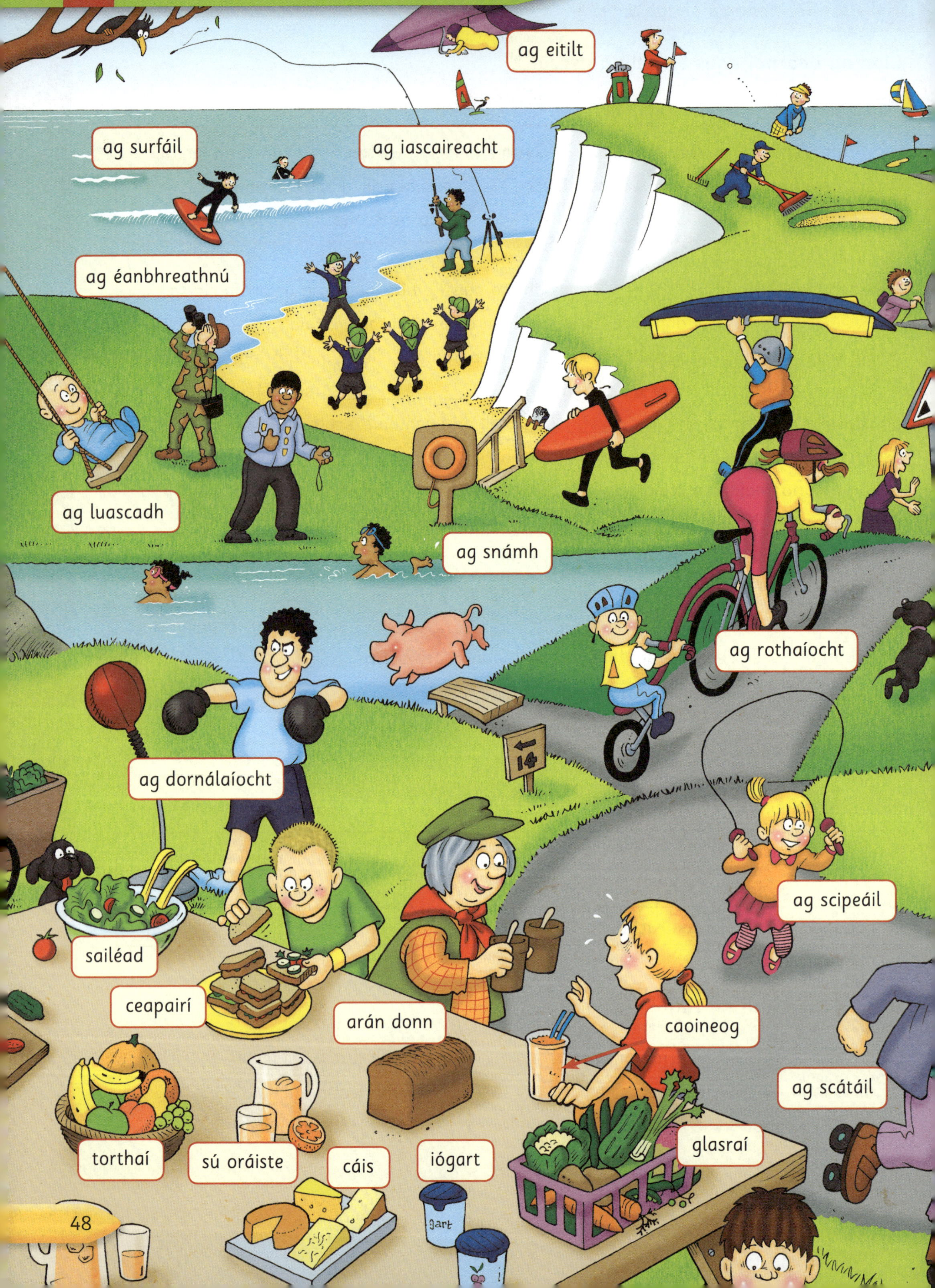
ag eitilt
ag surfáil
ag iascaireacht
ag éanbhreathnú
ag luascadh
ag snámh
ag rothaíocht
ag dornálaíocht
ag scipeáil
sailéad
ceapairí
arán donn
caoineog
ag scátáil
torthaí
sú oráiste
cáis
iógart
glasraí

ag imirt leadóige

ag imirt gailf

ag rith

ag dreapadh

ag curachóireacht

ag siúl

ag damhsa

ag déanamh ióga

uisce

ag traenáil

ag lannrolláil

ag clárscátáil

ag iománaíocht

ag imirt cispheile

Seachtain na Sláinte

Seachtain na Gaeilge

Seachtain na Leabhar

Seachtain Ghníomhach Scoile

Seachtain na hEolaíochta

Seachtain na Sábháilteachta Idirlín

Seachtain na Matamaitice

Seachtain na nInnealtóirí

Seachtain na Carthanachta

B 👄 **Seo libh ag caint**

- Cad iad na seachtainí a bhíonn ar siúl i do scoil?
- Cad iad na seachtainí is maith leatsa i do scoil?

C 👄 **Obair bheirte – Trína chéile ar an Lá Spóirt**

Labhair le do chara faoi na pictiúir. Aimsigh na botúin (8).

✏️ Seo leat ag scríobh

Ceartaigh na botúin agus athscríobh na habairtí.

1. Bhí mé chuaigh go dtí an choill.

_____

2. Ól mé bainne agus d'ith mé arán.

_____

3. Léim an coinín as an bosca.

_____

4. Níor dheachaigh an múinteoir abhaile inné.

_____

E ⚙️ Seo leat ag foghlaim

Féach ar na pictiúir agus scríobh an scéal.

Mamó ar Cuairt

a bhí ann   an t-ollmhargadh   ansin

slacht ar an gcistin   ag scuabadh
                    an miasniteoir

Tar éis tamaill,   sona sásta   sa ghairdín

Tá smaoineamh maith agam!
Déanfaidh mé...   ag féachaint

trína chéile   ar fud na háite   briste

Díreach ansin,   dóite   A leithéid de lá!

Laethanta saoire na Nollag a bhí ann. Chuaigh an chlann go dtí an chathair don deireadh seachtaine. Bhí Mamó agus Daideo in éineacht leo. Maidin Dé Sathairn, chuaigh siad go léir go dtí an rinc scátála. Chuir na páistí scátaí orthu agus amach leo ar an leac oighir.

Daidí:	Bainigí taitneamh as an scátáil.
Mamaí:	Tabhair aire d'Alí!
Daidí:	Tá an scátáil sin an-simplí.
Mamaí:	Bain triail as tú féin, mar sin.
Mamó:	Rachaidh mise in éineacht leat.
Daidí:	Tá tusa róshean – titfidh tú!
Mamó:	An bhfuil eagla ort dul ag scátáil?
Daidí:	Bhuel, sin dúshlán!
Mamó:	Beidh comórtas againn.
Mamaí:	Tóg go bog é.
Daideo:	Bí cúramach!

Amach ar an leac oighir le Daidí agus Mamó. Chuir Mamó cos amháin ar an rinc scátála agus as go brách léi. Chuir Daidí cos amháin ar an rinc scátála ach shleamhnaigh sé agus thit sé ar a thóin. Thosaigh Mamaí ag magadh faoi ach ní raibh Daidí róshásta.

An bhfuil sé an-simplí anois?

Timpiste bheag – beidh mé ceart go leor.

Sheas Daidí suas ach shleamhnaigh sé arís! Díreach ansin, chonaic sé Mamó agus Alí ag scátáil timpeall. Bhí siad ar fheabhas! Díreach ansin, scátáil Hollaí agus Ollaí sall chuig Daidí.

Daidí: Níl a fhios agam conas scátáil!

Ollaí: Cabhróidh mé leat.

Hollaí: Tabhair dom do lámh.

Mamó: Agus dúirt tú go raibh mise róshean!

Alí: Seo leat, a Dhaidí!

Ar dtús, bhí Daidí cosúil le heilifint. Ach chabhraigh na páistí leis agus gan mhoill bhí Daidí ábalta scátáil. Ach bhí Mamó fós níos tapúla ná é. Lean Daidí ag scátáil agus thug Mamaí bualadh bos dó. Bhí bród an domhain ar Dhaidí. Timpeall agus timpeall an rinc scátála leis na páistí. Timpeall agus timpeall an rinc scátála le Mamó.

Tar éis tamaill, bhí tuirse an domhain ar Dhaidí. Stop sé den scátáil agus shuigh sé síos in aice le Learaí agus Daideo.

Mamaí: Gheobhaidh mé cupán tae duit.

Daidí: Go raibh míle maith agat. Táim tuirseach traochta.

Mamaí: Is maith an rud é go raibh na páistí ann.

Daidí: Is maith an rud é go raibh Mamó ann – mega-Mamó!

Thosaigh an bheirt acu ag gáire. Nuair a bhí an scátáil thart, d'ith an chlann lón breá blasta.

Daideo: An raibh lá maith agaibh?

Mamó: Bhí lá iontach againn agus tá a fhios ag Daidí conas scátáil anois.

Daidí: Bhí an t-ádh orm go raibh na páistí ann... ach ní bheidh mé ag scátáil arís! Agus ní bheidh mé ag magadh fútsa arís, a Mhamó!

Bhí an-spórt acu go léir ach an lá ina dhiaidh sin bhí pianta i ngach áit ar Dhaidí! Daidí bocht!

? Ceist agam ort

1. Cad a rinne an chlann ar an Satharn?

   _____

2. Cad a chuir na páistí ar a gcosa? _____

3. An raibh Mamó ag scátáil? _____

4. Cad a tharla nuair a thosaigh Daidí ag scátáil?

   _____

5. Cé a bhí ag magadh faoi Dhaidí? _____

6. Cé a bhí ar fheabhas ag scátáil? _____

7. Cé a chuidigh le Daidí? _____

8. An raibh spórt ag an gclann ag an rinc scátála?

   _____

B 👄 **Labhair liom – Obair bheirte**

Féach ar na ceisteanna seo. Cum freagraí ón scéal.	Féach ar na freagraí seo. Cum ceisteanna ón scéal.
1. Cén séasúr a bhí ann?	• *Freagra:* maidin Dé Sathairn
2. Cé a chuaigh go dtí an chathair?	• *Freagra:* Mamó agus Daideo
3. An ndeachaigh Daideo amach ag scátáil?	• *Freagra:* Ní raibh
4. Cad a bhí á dhéanamh ag Mamaí agus Daideo?	• *Freagra:* Thit sé ar a thóin.
5. An raibh Daidí ábalta scátáil ag deireadh an lae?	• *Freagra:* Ollaí agus Hollaí

C ✏️ **Briathra beo**

Shleamhnaigh	Chuir	Rachaidh	Beidh	Cabhróidh

1. _____ ocras ar an bpeileadóir anocht.

2. _____ an buachaill beag ar an mbanana inné.

3. _____ an garda leis an tseanbhean amárach.

4. _____ an rúnaí an litir sa phost ar maidin.

5. _____ an rang go dtí an amharclann an tseachtain seo chugainn.

🔵 **Caint is comhrá**

- **Ní raibh Ollaí róshásta nuair a thosaigh Daidí ag magadh faoi.**

Ceangail.

1. Ní raibh na páistí róshásta nuair a •   • d'ith Bágún an dinnéar go léir.

2. Ní raibh an garda róshásta nuair a •   • thug an múinteoir a lán obair bhaile dóibh.

3. Ní raibh an siopadóir róshásta nuair a •   • bhí an carr ag dul róthapa síos an bóthar.

4. Ní raibh Beití róshásta nuair a •   • thit an tsubh go léir ar an urlár.

Anois, scríobh d'abairtí féin.

1. Ní raibh _____ róshásta nuair a _____ .

2. Ní raibh _____ róshásta nuair a _____ .

- **An bhfuil eagla ort dul ag scátáil?**

cosa froganna a ithe	eitilt in eitleán
dul suas ar an gcapall	dul in airde ar an roth mór

1. An bhfuil eagla ort _____ ?

2. An bhfuil eagla ort _____ ?

3. An bhfuil eagla ort _____ ?

4. An bhfuil eagla ort _____ ?

- **Tóg go bog é!**

Anois, bain triail as tú féin. Tarraing pictiúr agus taispeáin 'Tóg go bog é!'

	mé	tú	sé	sí	sinn	sibh	siad
	mo	do	a	a	ár	bhur	a

	bróga	cóta	dinnéar	teach
mé	mo bhróga	mo chóta	mo dhinnéar	mo theach
tú	do bhróga	do chóta	do dhinnéar	do theach
sé	a bhróga	a chóta	a dhinnéar	a theach
sí	a bróga	a cóta	a dinnéar	a teach
sinn	ár mbróga	ár gcótaí	ár ndinnéar	ár dteach
sibh	bhur mbróga	bhur gcótaí	bhur ndinnéar	bhur dteach
siad	a mbróga	a gcótaí	a ndinnéar	a dteach

Líon na bearnaí.

mé	Chuir mé **mo bhróga** agus **mo chóta** sa chófra.
tú	Chuir tú _____ agus _____ sa chófra.
sé	Chuir sé _____ agus _____ sa chófra.
sí	Chuir sí _____ agus _____ sa chófra.
sinn	Chuireamar _____ agus _____ sa chófra.
sibh	Chuir sibh _____ agus _____ sa chófra.
siad	Chuir siad _____ agus _____ sa chófra.

mé	D'ith mé **mo dhinnéar** i **mo theach**.
tú	D'ith tú _____ i _____ .
sé	D'ith sé _____ i _____ .
sí	D'ith sí _____ i _____ .
sinn	D'itheamar _____ i _____ .
sibh	D'ith sibh _____ i _____ .
siad	D'ith siad _____ i _____ .

F 👄 Obair bheirte

Cuir na focail seo a leanas in abairtí.

mo gheansaí	do chulaith spóirt	a bhrístí
a bróga	ár gcótaí	bhur ndinnéar	a mbróga

Foclóir nua

Ag siopadóireacht

uachtar reoite

milseáin

canna oráiste

ceapaire

Cad atá ag teastáil uait?

Tá _____ ag teastáil uaim.

prátaí

arán agus im

uibheacha

citseap tráta

úll agus banana

glasraí

Anois, pioc cúig cinn de na focail thuas agus scríobh abairtí iontacha.
Ansin, cum sceitse beag sa siopa agus bain úsáid as na frásaí thuas.

H **Seo libh ag caint – Am lóin**

- Cad a d'ith tú ag am lóin inniu?
- Cad a d'ith do chara ag am lóin?
- Cad ba mhaith leat a ithe don lón amárach?
- An ndearna tú dearmad ar do lón riamh?
- Cad a rinne tú ansin?

I **Dán deas**

Sneachta

1. Áthas ar na páistí
   Spórt ina gcroí,
   Calóga boga bána
   Ag damhsa sa ghaoth.

2. Liathróidí sneachta
   Ag eitilt san aer;
   Gáir agus glaoch
   Ó na páistí go léir.

3. Nach deas í an tuath
   Lena cóta bog bán,
   Ina codladh go sámh
   Sa sneachta geal glan.

Máire Nic an Bhaird

A 🦻 Teanga ó bhéal – Éisteacht

⭐ Cuir tic leis an bpictiúr ceart.

1.	2.	3.	4.	5.
A. ☐ B. ☐	A. ☐ B. ☐	A. ☐ B. ☐	A. ☐ B. ☐	A. ☐ B. ☐
6.	7.	8.	9.	10.
A. ☐ B. ☐	A. ☐ B. ☐	A. ☐ B. ☐	A. ☐ B. ☐	A. ☐ B. ☐

⭐ Éist leis an scéal agus scríobh A nó B.

1. ☐   2. ☐   3. ☐   4. ☐   5. ☐

6. ☐   7. ☐   8. ☐   9. ☐   10. ☐

B 👄 Teanga ó bhéal – Labhairt

Cuir ceisteanna ar do chairde.

CEIST:	Cad a tharla...	Ar ghortaigh tú...	An bhfuil... ag cur fola?
	sa chlós?	do smig?	do lámh do smig
	sa halla?	do bhéal?	do shúil do chluas
	ar an mbóthar?	do shrón?	do cheann do bhéal
	ar an gcosán?	do ghualainn?	do mhéar do lámh
	ag am lóin?	do bholg?	do ghlúin do dhroim
	ar maidin?	do thóin?	do chos do shrón
FREAGRA:	Thit...	Ghortaigh.	Tá... ag cur fola.
	Thug... cic do...	Níor ghortaigh.	B'fhéidir go bhfuil mo... ag
	Shleamhnaigh mé.	Tá pian i mo...	cur fola.
	Bhí... ag troid liom.	B'fhéidir go bhfuil	
	Ní fhaca mé an...	mo... briste.	

Féach ar na pictiúir agus scríobh an scéal.

Bronntanas Nollag

ag teacht   maisiúcháin
míreanna mearaí

Díreach ansin,   bosca beag
seomra suí

sceitimíní   go hálainn   thóg sé

áthas an domhain   ar an talamh

timpeall agus timpeall
ina dhiaidh   sna trithí gáire

slipéir   ar fud na háite
Féach cad a rinne tú!

cniotáil   trína chéile
ionadh an domhain

Tháinig   róshásta
Ná tar isteach anseo!

An Aoine a bhí ann. Bhí na cairde go léir ag dul go dtí an phictiúrlann tar éis scoile agus bhí sceitimíní orthu. Bhí an deireadh seachtaine ag teacht agus ní raibh fonn oibre orthu. Ní raibh an múinteoir róshásta mar bhí na páistí ag pleidhcíocht.

Múinteoir: Beidh scrúdú matamaitice againn tar éis am lóin.

Ní raibh na páistí róshásta nuair a chuala siad é sin.

Ollaí: Níl sé sin cothrom – ní dhearna mise aon staidéar!

Ag am lóin, chuaigh siad amach sa chlós. Bhí an lá an-fhuar agus bhí leac oighir ar an talamh. Thosaigh Ollaí agus Timmí ag sleamhnú ar an leac oighir.

Múinteoir: Stop den phleidhcíocht – beidh timpiste agaibh!

Níor éist na páistí leis an múinteoir. Go tobann, shleamhnaigh Ollaí agus thit sé.

Timmí: An bhfuil tú ceart go leor?

Ollaí: Tá, cinnte.

Ansin, chonaic Ollaí an múinteoir ag teacht agus thosaigh sé ag caoineadh.

Múinteoir: Cad a tharla?

Ollaí: Shleamhnaigh mé agus bhuail mé mo cheann.

Múinteoir: Mo thrua thú, Ollaí. Cuirfidh mé fios ar do Mham.

Ollaí: Ceart go leor.

Chuir an múinteoir fios ar Mhamaí agus stop Ollaí den chaoineadh.

Tháinig Mamaí go dtí an scoil agus chuaigh an bheirt acu abhaile.
Rinne sí ceapaire deas d'Ollaí.

Ollaí: Bhí an ceapaire sin go hálainn – go raibh míle maith agat.

Mamaí: Fáilte romhat – mo thrua thú!

Nuair a bhí an ceapaire ite, shuigh Ollaí síos cois na tine agus chuir sé
an teilifís ar siúl. Ach tháinig Mamaí isteach agus mhúch sí an teilifís.

Mamaí: Isteach sa leaba leat agus luigh síos.

Ollaí: Ach... táim ceart go leor anois.

Mamaí: Ó, go maith, mar bhí mé ag caint leis an
           múinteoir ag am lóin agus thug sí an
           scrúdú matamaitice dom.

Ollaí: Ach cad faoi mo cheann?

Mamaí: Ar bhuail tú do cheann in aon chor?

Ollaí: Níor bhuail.

Thug Mamaí an scrúdú matamaitice agus peann luaidhe d'Ollaí.

Ollaí: Ní féidir liom é seo a dhéanamh – táim tinn!

Mamaí: Bain triail as.

Chaith Ollaí uair an chloig ar an scrúdú. Ar a trí a chlog, bhí
cnag ar an doras. Fionn a bhí ann.

Fionn: An bhfuil cead ag Ollaí teacht go dtí an phictiúrlann?

Mamaí: Níl – tá sé i dtrioblóid.

Bhí fearg ar Ollaí ach bhí náire air freisin.

Ollaí: Níl sé sin cothrom – rinne mé an scrúdú!

Mamaí: Ach d'inis tú bréag – domsa agus don mhúinteoir!

Ollaí: Ní inseoidh mé bréaga arís. Tá brón orm.

Mamaí: Agus ormsa freisin – anois suas leat agus
           cuir slacht ar do sheomra codlata.

Ollaí bocht!

A ❓ Ceist agam ort

1. Cá raibh na páistí ag dul tar éis scoile?

Bhí na pastí go dtí an pécturlan tar err scoil

2. Cén fáth nach raibh fonn oibre ar na páistí?

Bhí na pastí fonn oibre mar ar an deire scheactine

3. Cén fáth a raibh an múinteoir míshásta?

Bhí na muínteor míshasta mar bhí na pastr pleichaoidt

4. An raibh sneachta ar an talamh? _Ní raílh sneachta ar an talamh_

5. Cén fáth ar thosaigh Ollaí ag caoineadh?

Bhí Ollaí ag caoneadh mar bhí so timpiste ag teacht an muíntor

6. An ndeachaigh Ollaí abhaile? _Chuagh Ollaí abhaile_

7. Cad a rinne Ollaí nuair a bhí an lón ite?

Bhí Ollaí chuir an teicfír

8. An ndeachaigh Ollaí a luí in aon chor? _Ní deachaig Ollaí a luí in on chor_

B 👄 Labhair liom – Obair bheirte

Féach ar na ceisteanna seo. Cum freagraí ón scéal.
1. Cén saghas lae a bhí ann?
2. Cad a bhí á dhéanamh ag na páistí go léir ag am lóin?
3. Cad a d'ith Ollaí don lón?
4. Cé a bhuail cnag ar an doras?
5. Cén fáth nach ndeachaigh Ollaí go dtí an phictiúrlann?

Féach ar na freagraí seo. Cum ceisteanna ón scéal.
• _Freagra:_ ag am lóin
• _Freagra:_ Níor bhuail.
• _Freagra:_ uair an chloig
• _Freagra:_ cois na tine
• _Freagra:_ Ní dheachaigh.

C ✏ Briathra beo

Críochnaigh na habairtí seo a leanas.

1. D'inis _____.

2. Chaith _____.

3. Ní raibh _____.

- **Cuirfidh mé fios ar do Mham mar bhuail tú do cheann.**

Ceangail.

1. Cuirfidh mé fios ar an otharcharr mar   chonaic mé deatach ag teacht ón seanteach.

2. Cuirfidh mé fios ar an bhfeirmeoir mar   níl tú ag obair.

3. Cuirfidh mé fios ar an mbriogáid dóiteáin mar   tá an geata oscailte agus tá an tarbh imithe!

4. Cuirfidh mé fios ar do Mhamaí mar   bhí timpiste ar an mbóthar.

Anois, scríobh d'abairtí féin.

1. Cuirfidh mé fios ar an dochtúir mar _____ .

2. Cuirfidh mé fios ar na gardaí mar _____ .

- **Tá Ollaí i dtrioblóid mar d'inis sé bréag don mhúinteoir.**

ghoid sé úll ón úllord	bhí sí déanach don scoil	bhris sí an fhuinneog

1. Tá Sadhbh i dtrioblóid mar _bhí se deanach do scoil_

2. Tá Fionn i dtrioblóid mar _ghoid se ull on ullord_ .

3. Tá Aoife i dtrioblóid mar _bhir si an feuinneog_ .

Anois scríobh d'abairtí féin.

1. Tá Timmí i dtrioblóid mar _Ní deannane obair bhaile_ .

2. Tá Alí i dtrioblóid mar _____ .

- **Níl sé sin cothrom!**

Anois, bain triail as tú féin. Tarraing pictiúr agus taispeáin 'Níl sé sin cothrom!'

Seo leat ag foghlaim

An Aimsir Fháistineach – Grúpa 1

Inné, dhún mé an doras.	**Amárach, dúnfaidh mé an doras. (+ faidh)**

mé:	Dún**faidh** mé an doras amárach.
tú:	Dún**faidh** tú an doras amárach.
sé:	Dún**faidh** sé an doras amárach.
sí:	Dún**faidh** sí an doras amárach.
sinn:	Dún**faimid** an doras amárach.
sibh:	Dún**faidh** sibh an doras amárach.
siad:	Dún**faidh** siad an doras amárach.

Tóg**faidh** mé an leabhar amárach.

(handwritten practice lines)

Inné, chaith mé an liathróid.	**Amárach, caithfidh mé an liathróid. (+ fidh)**

mé:	Caith**fidh** mé an liathróid amárach.
tú:	Caith**fidh** tú an liathróid amárach.
sé:	Caith**fidh** sé an liathróid amárach.
sí:	Caith**fidh** sí an liathróid amárach.
sinn:	Caith**fimid** an liathróid amárach.
sibh:	Caith**fidh** sibh an liathróid amárach.
siad:	Caith**fidh** siad an liathróid amárach.

Bris**fidh** mé an cupán amárach.

(handwritten practice lines)

Líon na bearnaí.

Dún**faidh mé**	Dún**faimid**
Glanfaidh mé	_____
_____	Canfaimid
_____	Ólfaimid

Caith**fidh mé**	Caith**fimid**
Cuirfidh mé	_____
_____	Brisfimid
_____	Rithfimid

Seo leat ag scríobh

Críochnaigh na habairtí seo.

- Amárach, tógfaidh mé...
- Maidin amárach, féachfaidh sé...
- Ólfaimid...

- Cuirfidh tú...
- Rithfidh sí...
- Caithfimid...

📖 **Foclóir nua**

Cad atá cearr leat?

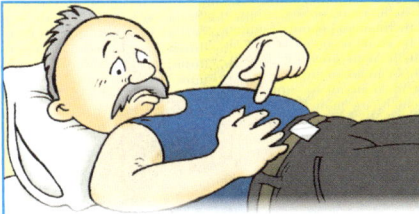

Tá pian i mo bholg.	Tá pian i mo cheann.	Tá pian i mo chluas.
Tá slaghdán orm.	Tá fliú orm.	Tá casacht orm.
Ghortaigh mé mo lámh.	Ghortaigh mé mo chos.	Ghortaigh mé mo ghlúin.
Tá tinneas cinn orm.	Tá tinneas fiacaile orm.	Tá tinneas goile orm.
Tá mo shrón ag cur fola.	Tá mo scornach tinn.	Och och ochón! Mise bocht.

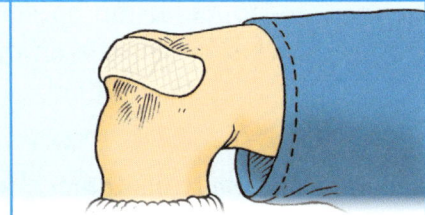

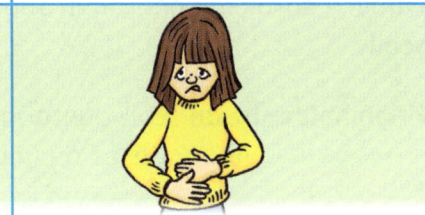

Bain úsáid as na frásaí thuas i rith an lae.
Ansin, cum sceitse beag agus bain úsáid as na frásaí thuas.

H 👄 **Seo libh ag caint**

- Conas tá tú féin inniu?
- Conas tá do chara?
- Ar thit tú sa chlós riamh? Cad a tharla?

- Conas tá an múinteoir inniu?
- An bhfuil slaghdán ort inniu?

Bhí an ghrian ag taitneamh go hard sa spéir.
Bhí Fionn agus Sadhbh ag siúl ar scoil.
Chonaic siad Seán agus Séimí ó Rang a Sé.
Ní raibh aon éide scoile orthu.
Bhí siad ag rothaíocht síos an bóthar.

Fionn: Cá bhfuil sibh ag dul?

Séimí: Nílimid ag dul ar scoil inniu –
táimid ag dul go dtí an choill.

Sadhbh: Beidh sibh i dtrioblóid!

Bhí ionadh an domhain ar Shadhbh agus
ar Fhionn.

Fionn: Seo leat, a Shadhbh!

Séimí: Táimid ar an bpreab inniu! Hurá!
Ná habair leis an múinteoir!
Ar aghaidh linn!

Chuaigh an bheirt acu amach faoin tuath ar na rothair. Bhí liathróid peile ina mhála droma
ag Séimí. Bhí picnic agus raidió ina mhála droma ag Seán. Bhí sceitimíní ar an mbeirt acu.
Nuair a shroich Fionn agus Sadhbh an scoil, bhí an príomhoide ina seasamh ag geata na
scoile.

Príomhoide: Tá an scoil dúnta inniu, a pháistí.
Níl aon uisce againn.

Fionn: Go hiontach – beidh lá saor againn.

Sadhbh: ...agus tá an aimsir go hálainn.

Timmí: Rachaimid go dtí an linn snámha.

Sadhbh: Ach cad faoi Sheán agus faoi Shéimí?

Fionn: Beidh lá maith acu ar aon nós.

Timmí: Agus ní bheidh siad i dtrioblóid.

Faoin am seo, bhí Seán agus Séimí amuigh faoin tuath. Shuigh siad síos
faoi chrann mór leathan. Thóg Seán an phicnic agus an raidió as a mhála.
Luigh Séimí siar ar an talamh.

Séimí: Seo an saol!

Seán: Beidh na páistí go léir ag obair ar scoil!

Ach díreach ansin, las splanc thintrí an spéir. Chuala na buachaillí toirneach agus thosaigh sé ag stealladh báistí.

Séimí: Abhaile linn go tapa!

Bhí na buachaillí buartha. Rug siad ar na rothair... ach bhí roth pollta ag Séimí.

Séimí: Tá roth pollta agam – caithfimid siúl abhaile.

Seán: Ach tá sé ag stealladh báistí.

Faoin am seo, bhí an bheirt acu fliuch go craiceann. Bhí na ceapairí fliuch freisin agus bhí ocras an domhain orthu. Thosaigh siad ag argóint.

Séimí: Cad a dhéanfaimid anois?

Seán: Níl a fhios agam – ní ormsa atá an locht!

Bhí na málaí droma an-trom agus nuair a shroich Seán agus Séimí an baile mór, bhí siad tuirseach traochta. Chonaic siad na páistí ó Rang a Cúig ag teacht ón linn snámha.

Sadhbh: Bhí lá iontach againn!

Fionn: An raibh lá maith agaibhse?

Seán: Ní raibh!

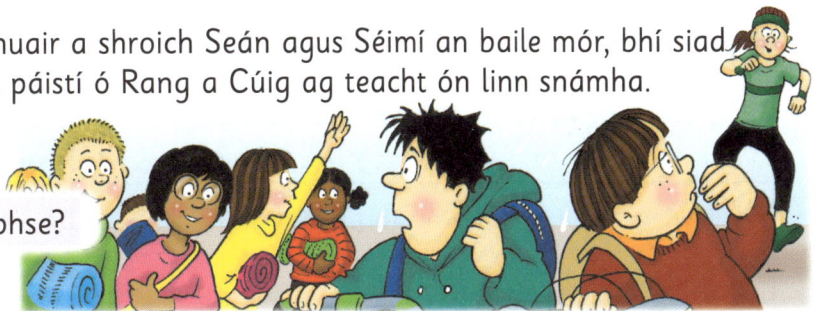

Mar olc ar an donas, cé a chonaic siad ag teacht anuas an bóthar ach an múinteoir. Bhí sí ina culaith reatha.

Séimí: Go bhfóire Dia orainn.

Seán: Beimid i dtrioblóid anois.

Ach rith an múinteoir thar na buachaillí.

Múinteoir: Bainigí taitneamh as an tráthnóna!

Séimí: A leithéid de lá.

Seán: Ní rachaimid ar an bpreab go deo arís.

Ceist agam ort

1. Cá raibh Fionn agus Sadhbh ag dul?

   _____

2. Cé a chonaic siad? _____

3. Cad a bhí ina mhála ag Séimí? _____

4. Cé a bhí ina seasamh ag geata na scoile?

   _____

5. Cén fáth a raibh an scoil dúnta?

   _____

6. Cad a rinne Seán nuair a shroich sé an choill?

   _____

7. Cén saghas lae a bhí ag Seán agus Séimí?

   _____

8. Cén sórt éadaí a bhí ar an múinteoir? _____

B **Labhair liom – Obair bheirte**

Féach ar na ceisteanna seo. Cum freagraí ón scéal.	Féach ar na freagraí seo. Cum ceisteanna ón scéal.
1. Cén sórt aimsire a bhí ann ar maidin?	• *Freagra:* Seán agus Séimí
2. Cén dath a bhí ar na rothair?	• *Freagra:* go dtí an choill
3. Cén fógra a bhí ar gheata na scoile?	• *Freagra:* raidió
4. Cá ndeachaigh Timmí, Sadhbh agus Fionn?	• *Freagra:* roth pollta
5. An raibh Seán agus Séimí i dtrioblóid? Cén fáth?	• *Freagra:* an múinteoir

C **Briathra beo**

Críochnaigh na habairtí seo a leanas.

1. Shroich _____ .

2. Chuala _____ .

3. Ní dhearna _____ .

4. Ní dheachaigh _____ .

- **Ná habair leis an múinteoir!**

gur cheannaigh mé ubh Chásca nua di	gur bhris mé na huibheacha
gur fhág mé mo chóipleabhar sa bhaile	gur chaill mé mo spéaclaí

1. Ná habair leis an múinteoir

gur fág me mo chóipleabher sa bhaile

2. Ná habair le Mamó

gaill me mo speíotí .

3. Ná habair le Beití

Gur bríz me na huibheacha

4. Ná habair le hAlana

gur cheanneagh me nerchevear

- **Caithfimid siúl abhaile mar tá an rothar pollta.**

tá bainne ag teastáil uainn	tá tuirse an domhain orainn	tá an bus imithe

1. Caithfimid siúl ar scoil mar _____ .

2. Caithfimid dul a chodladh mar _____ .

3. Caithfimid dul go dtí an siopa mar _____ .

- **Seo an saol!**

Seo an saol! Seo an saol! Seo an saol!

Anois, bain triail as tú féin. Tarraing pictiúr agus taispeáin 'Seo an saol!'

⚙️ **Seo leat ag foghlaim**

An Aimsir Fháistineach – Grúpa 2

Inné, cheannaigh mé leabhar.	**Amárach,** ceannóidh mé leabhar. (**+ óidh**)
mé: Ceann**óidh** mé an peata amárach.	Tos**óidh** mé ag obair amárach.
tú: Ceann**óidh** tú an peata amárach.	_____
sé: Ceann**óidh** sé an peata amárach.	_____
sí: Ceann**óidh** sí an peata amárach.	_____
sinn: Ceann**óimid** an peata amárach.	_____
sibh: Ceann**óidh** sibh an peata amárach.	_____
siad: Ceann**óidh** siad an peata amárach.	_____

Inné, chuidigh mé leis an múinteoir.	**Amárach,** cuid**eoidh** mé leis an múinteoir. (**+ eoidh**)
mé: Cuid**eoidh** mé leis an múinteoir amárach.	Bail**eoidh** mé na duilleoga amárach.
tú: Cuid**eoidh** tú leis an múinteoir amárach.	_____
sé: Cuid**eoidh** sé leis an múinteoir amárach.	_____
sí: Cuid**eoidh** sí leis an múinteoir amárach.	_____
sinn: Cuid**eoimid** leis an múinteoir amárach.	_____
sibh: Cuid**eoidh** sibh leis an múinteoir amárach.	_____
siad: Cuid**eoidh** siad leis an múinteoir amárach.	_____

Líon na bearnaí.

Ceann**óidh** mé	Ceann**óimid**
Tosóidh mé	_____
Críochnóidh mé	_____
_____	Gortóimid
Osclóidh mé	_____

Cuid**eoidh** mé	Cuid**eoimid**
Baileoidh mé	_____
_____	Dúiseoimid
Éireoidh mé	_____
Imreoidh mé	_____

✏️ **Seo leat ag scríobh**

Críochnaigh na habairtí seo.

- Amárach, tosóidh mé...
- Maidin amárach, ceannóidh sí...
- Críochnóimid...

- Baileoidh sé...
- Dúiseoidh sí...
- Éireoimid...

✏️ **Seo leat ag scríobh**

Líon na bearnaí agus scríobh an scéal.

An Stoirm

an chlann	ar an bhfarraige	in éineacht leo
díomá an domhain	bhris sé	ródhainséarach
an stoirm	chonaic	na madraí	an bosca	D'oscail

Bhí stoirm mhór ann aréir. Bhí tonnta móra bána _____ .

Ní dheachaigh aon bhád amach ar an bhfarraige mar bhí sé ___in éineacht leo___

Ar maidin, bhí ___bhris sé___ thart agus bhí an fharraige ciúin. Chuaigh ___an chlann___

ag siúl ar an trá. Chuaigh Salann agus Piobar ___na madraí___ . Rith

___na madraí___ isteach is amach as an uisce. Ansin, thosaigh Salann ag tafann.

D'fhéach Mamaí suas agus ___chonaic___ sí Salann ina sheasamh in aice le

bosca adhmaid. Phioc sí suas ___an Stoirm___ ach bhí sé faoi ghlas.

Fuair Daidí cloch mhór agus ___an bosca___ an glas leis an gcloch.

___D'oscail___ Mamaí an bosca adhmaid agus d'fhéach gach duine isteach

ann. Cad a bhí sa bhosca ach seanchóta. Bhí ___díomá an domhain___ na páistí.

👄 **Caint is comhrá**

- An maith leat lá fliuch?
- An maith leat lá grianmhar?
- An maith leat lá breá?
- An maith leat lá gaofar?

- An maith leat tintreach agus toirneach?
- An maith leat an sneachta?
- Cén saghas lae atá ann inniu?
- Cén saghas lae a bhí ann inné?

✏️ **Seo leat ag scríobh**

Cén saghas lae atá ann? Líon isteach an chairt aimsire.
Tarraing pictiúr nó cuir isteach an focal ceart.

An bhfuil sé... ...gaofar? ...grianmhar? ...te? ...fuar? ...fliuch? ...scamallach? ...stoirmiúil?

	An Luan	An Mháirt	An Chéadaoin	An Déardaoin	An Aoine
Seachtain 1					
Seachtain 2					

13 Lá ’le Pádraig

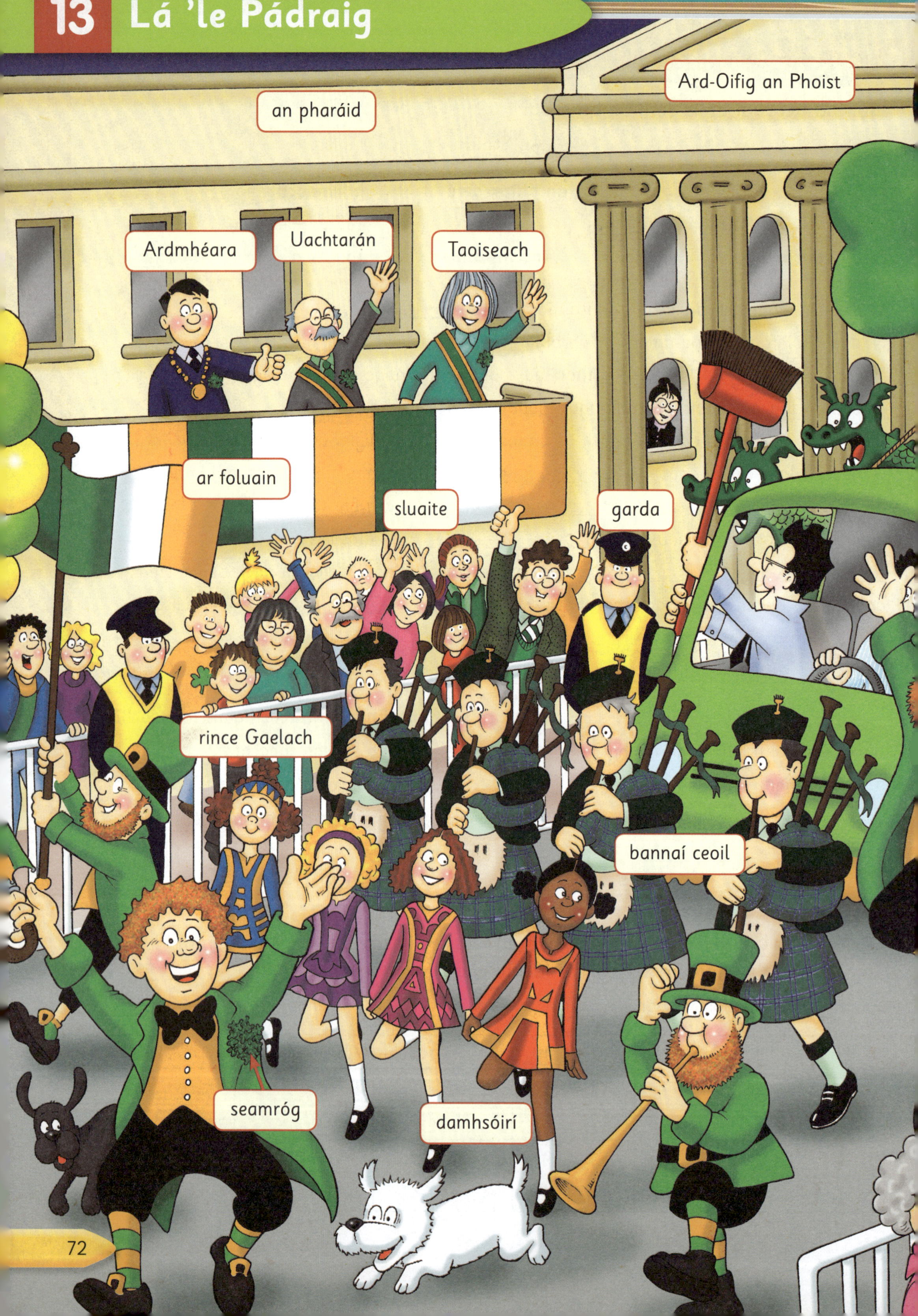
an pharáid
Ard-Oifig an Phoist
Ardmhéara
Uachtarán
Taoiseach
ar foluain
sluaite
garda
rince Gaelach
bannaí ceoil
seamróg
damhsóirí

tine ealaíne

roth mór

aonach siamsaíochta

ceoltóirí

balún

bannaí ó Mheiriceá

capaill

Bratach na hÉireann

gárthóir molta

ceiliúradh

bualadh bos

ceamara

picnic

73

📖 **Foclóir nua**

Le foghlaim

An Luan An Mháirt An Chéadaoin An Déardaoin An Aoine An Satharn An Domhnach	...a bhí ann.
Mí Eanáir Mí Feabhra Mí an Mhárta Mí Aibreáin Mí na Bealtaine Mí an Mheithimh Mí Iúil Mí Lúnasa Mí Mheán Fómhair Mí Dheireadh Fómhair Mí na Samhna Mí na Nollag	...a bhí ann.
An t-earrach An samhradh An fómhar An geimhreadh	...a bhí ann.
Lá breá brothallach Lá fuar feannaideach Lá gaofar Lá scamallach Lá ceomhar Lá seaca	...a bhí ann.
Lá 'le Pádraig Lá 'le Stiofáin Domhnach Cásca Oíche Shamhna Oíche Nollag	...a bhí ann.

B ✏️ **Seo leat ag scríobh – Áiteanna**

Cad a tharla? Scríobh trí scéal.

Sampla: An Satharn a bhí ann. Chuaigh an chlann go dtí an baile mór. Bhuail siad le Pedro agus Pia. Chuaigh siad go dtí an bácús. Shuigh siad síos agus d'ól siad cupán tae.

1. Chuaigh ___me___ go dtí an leabharlann. _agus cheannaigh me an leabhar_

2. Chuaigh ___se___ go dtí an t-ollmhargadh. _____

3. Chuaigh ___me___ go dtí stáisiún na ngardaí. _____

4. Chuaigh ___sí___ go dtí an phictiúrlann. _agus Dith~~~ sí gran rosta_

5. Chuaigh ___se___ go dtí an bhialann. _____

6. Chuaigh ___Me___ go dtí an t-ospidéal. _Gortaigh me mo ceann_

Obair bheirte: Cé a bhíonn ag obair sna háiteanna thuas?

Ceartaigh na botúin agus athscríobh na habairtí.

1. D'fhág mé mo geansaí sa seomra ranga inniu. ✔

_____

2. Chuireamar ár bróga reatha sa chófra. ✔

_____

3. Rachaimid go dtí oifig an phoist gach lá. ✗

_____

4. Bhí mé eagla mar chonaic mé taibhse. ✔

_____

D ✏️abc **Seo leat ag scríobh**

Féach ar na pictiúir agus scríobh an scéal.

Timpiste

lá fuar   leac oighir   ag feadaíl   ag rothaíocht   cat dubh   Go tobann,

i gcruachás   in aice léi   eagla an domhain   ar nós na gaoithe
uibheacha briste   Féach ar...

D'fhan   fón póca   chuir sé fios   lámh bhriste   cáca milis   go hiontach

1

Scoil Ghlas í Scoil na Scuab. Bhí cúig bhrat ghlasa ar foluain sa chlós agus bhí bród an domhain ar na páistí. Bhí siad ag athchúrsáil ar scoil.

2

Lá amháin, bhí tionól scoile ar siúl sa halla. Labhair an príomhoide leis na páistí.

Tá an Cháisc ag teacht agus beidh comórtas Hataí Cásca againn an tseachtain seo chugainn.

3

Bhí áthas ar na páistí agus thosaigh siad go léir ag caint is ag comhrá.

Éistigí go cúramach. Beidh duais don hata Cásca is fearr sa scoil ach caithfidh sibh athchúrsáil a dhéanamh.

4

Thosaigh na páistí ag smaoineamh. Bhí plean acu go léir. Ach ní raibh Timmí róshásta.

Níl a fhios agam cad atá le déanamh!

Ná bí buartha – beidh tú ceart go leor.

5

Chuaigh Hollaí agus Ollaí go dtí an t-ollmhargadh. Fuair siad rudaí deasa sa bhosca páipéir. Bhailigh Sadhbh boscaí sa bhácús. Chabhraigh Sam léi.

6

Fuair Oisín a lán rudaí deasa sa gharáiste sa bhaile. Chabhraigh Alana leis.

7

Chuardaigh Aoife sa bhaile agus fuair sí a lán rudaí deasa freisin. Gach oíche, bhí sí féin agus na páistí eile ag obair go dian.

Tá smaoineamh maith agam!

8 Ansin, tháinig Beití agus Bágún ar cuairt. Chuala Beití go raibh na páistí ag déanamh hataí Cásca.

9 Thug Beití páipéar agus cairtchlár agus buidéil agus cannaí agus cnaipí agus ribíní do na páistí. Bhí áthas an domhain ar na páistí.

An bhfuil a fhios agat go bhfuil cúig bhrat ghlasa againn?

Tá sibh go hiontach! Tabhair aire don phlainéad i gcónaí.

10 Ag meán lae ar an Luan, shiúil na páistí mórthimpeall an halla. Bhí siad ar bís. Chaith siad na hataí Cásca agus bhí siad go hálainn. Bhí an taispeántas ar fheabhas. Bhí hata Aoife cosúil le nead mhór agus bhí éin agus uibheacha sa nead. Bhí hata Ollaí cosúil le heitleán agus bhí bród an domhain air. Bhí hata Timmí trína chéile ach ní raibh sé buartha.

11 Rinne sibh an-obair, a pháistí, agus tá na hataí go léir go hálainn.

Ach tá an bua ag...

12 Díreach ansin, tháinig Beití agus Bágún isteach sa halla. Bhí hata iontach álainn ar Bhágún!

13 Tá an bua ag...

BÁGÚN! BÁGÚN! BÁGÚN!

❓ Ceist agam ort

1. Cé mhéad brat glas a bhí ag Scoil na Scuab?

   Bhí scoil Sanal ar cuig brat glas

2. Cé a labhair leis na páistí ag an tionól?

   Bhí un príosh___ a labhair ar an pastí

3. Cá ndeachaigh Hollaí agus Ollaí? *chuaigh Hollaí gg____ Ollaí ___*

4. Cé a chabhraigh le Sadhbh? *chabhraigh sam ar an Síolt___*

5. Cad a fuair Oisín sa gharáiste? *Bhí Oisín ___ deasa*

6. Cé a tháinig ar cuairt chuig an scoil?

   Bhí letí ar cuart chuig an scoilt

7. Cén fáth a raibh áthas ar na páistí?

   Bhí pastí an ~~___~~ athas mar na pastí Rome

   Hata Corca

8. Cathain a bhí an taispeántas ar siúl?

   Bhí an taspeantas ar ag mlam leg ar an train

B 👄 Labhair liom – Obair bheirte

Féach ar na ceisteanna seo. Cum freagraí ón scéal.	Féach ar na freagraí seo. Cum ceisteanna ón scéal.
1. An raibh bosca bruscair sa chlós?	• *Freagra:* Ní raibh.
2. Cathain a thosaigh an taispeántas sa halla?	• *Freagra:* sa halla
3. Cé a bhuaigh an comórtas?	• *Freagra:* na páistí
4. Cén hata is maith leatsa?	• *Freagra:* Timmí
5. An scoil ghlas í do scoil?	• *Freagra:* Bágún

C ✏️ Briathra beo

Scríobh trí scéal.

Chaill...	Bhailigh...	Bíonn...
Chuardaigh...	Chabhraigh...	Téann...
Fuair...	Bhí...	Cuireann...

- Tá an Cháisc ag teacht agus beidh comórtas Hataí Cásca againn.

Ceangail agus scríobh na habairtí.

Tá an Nollaig ag teacht agus •   • beimid ag dul go dtí an trá.

Tá an deireadh seachtaine ag teacht agus •   • beidh ceolchoirm na Nollag ar siúl.

Tá na laethanta saoire ag teacht agus •   • beidh Bágún in éineacht léi.

Tá Beití ag teacht agus •   • ní bheidh aon obair bhaile againn.

- Bhí bród an domhain ar na páistí mar bhí cúig bhrat ghlasa acu.

> bhuaigh an fhoireann scoile an cluiche peile   thuirling héileacaptar sa chlós
>
> ghoid an gadaí an t-airgead   bhí an leabharlann trína chéile

1. Bhí áthas an domhain ar an múinteoir mar _bhuaigh an fhoireann scoile an cluiche peile_

2. Bhí fearg an domhain ar an siopadóir mar _ghoid an gadaí an t-airgead_ .

3. Bhí díomá an domhain ar an leabharlannaí mar _Bhí an labharlan trína chéile_ .

4. Bhí ionadh an domhain ar na páistí mar _thuirling héileacaptar sa chlós_ .

- Tá smaoineamh maith agam!

Tá smaoineamh maith agam!

Tá smaoineamh maith agam!

Tá smaoineamh maith agam!

Tarraing pictiúr agus taispeáin 'Tá smaoineamh maith agam!'

An Aimsir Chaite (Inné)	An Aimsir Fháistineach (Amárach)	An Aimsir Chaite (Inné)	An Aimsir Fháistineach (Amárach)
Ghlan	Glanfaidh	Chabhraigh	Cabhróidh
Thóg	Tógfaidh	Cheannaigh	Ceannóidh
Bhris	Brisfidh	Thosaigh	Tosóidh
Chuir	Cuirfidh	Bhailigh	Baileoidh
D'fhan	Fanfaidh	D'ullmhaigh	Ullmhóidh
D'ól	Ólfaidh	D'éirigh	Éireoidh

Cuir isteach an briathar ceart.

1. D'ól/Ólfaidh _____Olfaidh_____ an leabharlannaí cupán caife amárach.

2. D'fhan/Fanfaidh _____DFan_____ Bágún sa bhaile inné.

3. Chuir/Cuirfidh _____Cuirfidh_____ Fionn an litir sa phost amárach.

4. Ghlan/Glanfaidh _____Ghlan_____ Éamonn an carr nua inné.

5. Bhris/Brisfidh _____Bhris_____ Sadhbh an cupán inné.

6. Thóg/Tógfaidh _____Tógfaidh_____ Aoife leabhar den tseilf amárach.

7. Cheannaigh/Ceannóidh _____Cheannaigh_____ Mamó uachtar reoite inné.

8. Thosaigh/Tosóidh _____Tosóidh_____ an cluiche peile ar a trí a chlog amárach.

9. D'ullmhaigh/Ullmhóidh _____D'ullmhaigh_____ Pedro an dinnéar amárach.

10. D'éirigh/Éireoidh _____D'éirigh_____ Uncail Liam ar a hocht a chlog inné.

11. Bhailigh/Baileoidh _____Bhailigh_____ Beití na sméara dubha maidin inné.

12. Chabhraigh/Cabhróidh _____Cabhróidh_____ na páistí leis an múinteoir amárach.

Tá na gardaí ag cuardach
gadaí a ghoid an banc.
Tá seaicéad dubh air.
Tá gruaig ghearr dhonn air.
Tá t-léine ghlas air.
Níl scaif air ach tá lámhainní air.
Tá bróga reatha gorma air.
Cad is ainm don ghadaí?

Brian

Rob

Seán

> Shroich mé mo theach.   Rinne mé cupán deas tae.
>
> Nuair a   +   Shroich mé mo theach.   +   Rinne mé cupán deas tae.
>
> → Nuair a shroich mé mo theach, rinne mé cupán deas tae.

Críochnaigh.

1. Shroich an múinteoir an scoil.   +   D'fhág sé a rothar sa chlós.

   → Nuair a shroich an múinteoir an scoil, _D feig se rothar sa chlos_.

2. Thit an buachaill óg.   +   Thosaigh sé ag caoineadh.

   → Nuair a _Thit an buacaill og_, thosaigh sé ag caoineadh.

3. D'fhág an cailín an scoil.   +   Rinne sí dearmad ar an leabhar Gaeilge.

   → Nuair a _D fhacig an Cailin an scoil, Rinne sí dearmidar an leabhar Gaeilge_

4. Tháinig an t-altra isteach san ospidéal.   +   Thosaigh sí ag caint leis an dochtúir.

   → Nuair a _Thainig an taltra, Thosaigh sé ag caint leis isteach sa ospideal an Doctur_

Críochnaigh na habairtí seo a leanas.

1. Nuair a bhí sé in am dul ar scoil, _Rinne me mo obair scoile_ .
2. Nuair a bhí sé in am dul abhaile, _Bhi me tusta_ .
3. Nuair a bhí sé in am dul amach, _Bhi me ag simim Piano_ .
4. Nuair a bhí sé in am dul isteach, _Bhi mu ag elmidche peile_ .
5. Nuair a bhí sé in am dul a luí, _Bhi me fosina chulach_ .

Cuir na focail seo a leanas in abairtí iontacha.

1. halla: _____ .

2. ag athchúrsáil: _____ .

3. sa gharáiste: _____ .

4. uibheacha: _____ .

5. eitleán: _____ .

6. tionól scoile: _____ .

81

Tráthnóna dorcha a bhí ann. Bhí Hollaí agus Ollaí ar an mbealach abhaile ón leabharlann nuair a thosaigh sé ag stealladh báistí. Rith siad abhaile ar nós na gaoithe ach nuair a shroich siad an baile, bhí siad fliuch báite. Rinne siad seacláid the agus shuigh siad síos sa seomra suí. Chas Ollaí an teilifís ar siúl agus thosaigh Hollaí ag imirt cártaí le hAlí.

Go tobann, chuala na páistí toirneach. Rith Salann isteach faoin mbord mar bhí eagla air. Rith Piobar go dtí an fhuinneog agus thosaigh sé ag tafann. Rith Hollaí go dtí an fhuinneog freisin. Chonaic sí splanc thintrí sa spéir.

Hollaí: Tá an tintreach dochreidte!

Daidí: Ná seas ag an bhfuinneog – tá sé ródhainséarach.

Shuigh Hollaí síos arís ach lean Piobar ag tafann. Chuaigh Ollaí sall go dtí an fhuinneog agus d'fhéach sé amach.

Ollaí: Seo leat, Piobar... cad atá cearr leat?

Chonaic sé seanbhean ag siúl síos an bóthar. Bhí a scáth báistí briste agus bhí sí fliuch go craiceann. Ghlaoigh Ollaí ar Dhaidí.

Ollaí: A Dhaidí... tar anseo. Tá seanbhean amuigh sa stoirm. Caithfimid cabhrú léi.

Daidí: An tseanbhean bhocht!

Hollaí: Maith thú, a Phiobair. Caithfidh sí teacht isteach – tá sí fliuch báite.

Chuir Ollaí a chóta air agus rith sé amach ar an mbóthar.

Thóg sé an tseanbhean isteach sa teach.
Bhí sí trína chéile.

Ollaí: Seo leat – tar isteach.

Nóra: Go raibh míle maith agat –
táim préachta leis an bhfuacht
agus táim caillte.

Ollaí: Cad is ainm duit?

Nóra: Nóra – Nóra Ní Ruairc.

Daidí: Tóg go bog é
déanfaidh mé cupán tae duit.

Nóra: Tá sibh an-chineálta.

Rinne Daidí cupán tae don tseanbhean. Thug Hollaí slisne císte di. Chuir Mamaí an cóta
fliuch ar an teasaire.

Daidí: Cá bhfuil tú ag dul?

Nóra: Níl a fhios agam.
Táim ag cuardach mo gharleanaí –
tá teach nua acu.

Mamaí: An bhfuil a fhios acu go bhfuil
tú ag teacht ar cuairt?

Nóra: Níl – tháinig mé ar an mbus ach chaill mé mo léarscáil nuair a thosaigh
an stoirm agus níl fón póca agam.

Ollaí: Cad is ainm dóibh?

Nóra: Oisín agus Alana.

Hollaí: Sin iad na comharsana nua!

Mamaí: Tá siad ina gcónaí díreach in aice linn.

Ghlaoigh Mamaí ar Éamonn agus nuair a chuala
sé an scéal, tháinig sé féin, Oisín agus Alana
isteach. Shuigh siad go léir síos os comhair na tine
agus d'inis Nóra an scéal do na páistí. Nuair a
bhí an stoirm thart, chuaigh siad go léir abhaile.
Chodail Nóra go maith an oíche sin agus i rith
na hoíche, nuair a thosaigh an tintreach agus an
toirneach arís, níor chuala sí aon rud!

A ❓ Ceist agam ort

1. Cá raibh Hollaí agus Ollaí? _Bhí Hollaí agus Ollaí ml_ _achalhai_
   why did the rain
2. Cén fáth ar rith siad abhaile? _Rith séad athaiú mar fhú og agean lastá_
   what did the dogs do when the thunder started
3. Cad a rinne na madraí nuair a thosaigh an toirneach?
   Bhí splach ésteach fanon mhard agus salach ag tabfan
   what did Ollaí I see when he looked out the window
4. Cad a chonaic Ollaí nuair a d'fhéach sé amach an fhuinneog?
   Chancric Ollaí tornach agur tintreach

5. Ar chabhraigh Ollaí leis an tseanbhean? _____
   why was the old woman all omen
6. Cén fáth a raibh an tseanbhean trína chéile? _____
   Did Nora have a phone
7. An raibh fón póca ag Nórd? _____
   When did nora go home
8. Cathain a chuaigh Nóra abhaile? _____

B 👄 Labhair liom – Obair bheirte

Féach ar na ceisteanna seo. Cum freagraí ón scéal.	Féach ar na freagraí seo. Cum ceisteanna ón scéal.
1. Cad a bhí á dhéanamh ag Ollaí?	• *Freagra*: splanc thintrí
2. Cé a d'fhéach amach an fhuinneog?	• *Freagra*: seacláid the
3. Cén sórt éadaí a bhí ar Nóra?	• *Freagra*: cupán tae
4. An raibh éide scoile ar na páistí?	• *Freagra*: ar an mbus
5. Cé mhéad duine a bhí sa seomra suí ag deireadh an lae?	• *Freagra*: Níor chuala.

C ✏️ Briathra beo

Déanfaidh	Ghlaoigh	Chodail	Tabharfaidh	D'inis

1. _____ Learaí go sámh mar bhí tuirse air.

2. _____ Daideo scéal iontach do na páistí.

3. _____ an múinteoir pas obair bhaile don rang anocht.

4. '_____ mé an dinnéar ar a cúig a chlog,' arsa Pedro.

5. _____ an fear óg ar na gardaí ar maidin.

- Bhí an tseanbhean trína chéile mar chaill sí an léarscáil.

Ceangail agus scríobh na habairtí.

Bhí an siopadóir trína chéile mar •   • ní raibh aon siosúr aige.

Bhí an seanfhear trína chéile mar •   • d'fhág sí na cóipleabhair sa bhaile.

Bhí an gruagaire trína chéile mar •   • ní raibh aon sóinseáil aige.

Bhí an múinteoir trína chéile mar •   • chaill sé na spéaclaí.

Anois, scríobh d'abairtí féin.

1. Bhí _____ trína chéile mar _____

   _____ .

2. Bhí _____ trína chéile mar _____

   _____ .

- Caithfidh sí teacht isteach – tá sí fliuch báite.

| ocras an domhain | fliuch go craiceann | an-lag | an-tinn |

1. Caithfidh mé dul abhaile – táim _____ .

2. Caithfidh mé suí síos – táim _____ .

3. Caithfidh mé ceapaire a ithe – tá _____ orm.

4. Caithfidh mé mo chóta a bhaint – táim _____ .

- Táim préachta leis an bhfuacht.

Táim préachta leis an bhfuacht.

Táim préachta leis an bhfuacht.

Táim préachta leis an bhfuacht.

Tarraing pictiúr agus taispeáin 'Táim préachta leis an bhfuacht.'

An Aimsir Chaite (Inné)	An Aimsir Fháistineach (Amárach)	An Aimsir Chaite (Inné)	An Aimsir Fháistineach (Amárach)
Bhí	Beidh	Rug	Béarfaidh
Chonaic	Feicfidh	Fuair	Gheobhaidh
Chuala	Cloisfidh	D'ith	Íosfaidh
Chuaigh	Rachaidh	Tháinig	Tiocfaidh
Rinne	Déanfaidh	Thug	Tabharfaidh
Dúirt	Déarfaidh		

Cuir isteach an briathar ceart.

1. Dúirt/Déarfaidh _____Dúirt_____ mé mo phaidreacha inné.

2. Rug/Béarfaidh _____Béarfaidh_____ Oisín ar an ngabhar amárach.

3. Bhí/Beidh _____Beidh_____ an feirmeoir ag obair sa pháirc amárach.

4. Chuala/Cloisfidh _____Chuala_____ an múinteoir na páistí ag caint inné.

5. Rinne/Déanfaidh _____Déanfaidh_____ na páistí an obair bhaile amárach.

6. Fuair/Gheobhaidh _____Gheobhaidh_____ Alana bróga nua amárach.

7. Chonaic/Feicfidh _____Chonaic_____ an dochtúir an t-eitleán sa spéir inné.

8. D'ith/Íosfaidh _____D'ith_____ an madra cnámh mhór inné.

9. Tháinig/Tiocfaidh _____Tháinig_____ an príomhoide ar scoil ar an rothar inné.

10. Thug/Tabharfaidh _____Tabharfaidh_____ fear an phoist litir d'Éamonn amárach.

11. Chuaigh/Rachaidh _____Rachaidh_____ an chlann go dtí an baile mór amárach.

Cuir isteach an focal ceart. `inné/amárach`

1. Rinne an dochtúir cupán tae sa chistin _____inné_____.

2. Gheobhaidh an fiaclóir leabhar nua _____amárach_____.

3. Rachaidh na páistí go dtí an t-úllord _____amárach_____.

4. Chuala an t-altra na héin ag canadh _____inné_____.

5. Tabharfaidh an siopadóir milseáin do na páistí _____amárach_____.

6. Tháinig an garda abhaile ar a cúig a chlog _____inné_____.

7. Íosfaidh an príomhoide an lón san oifig _____amárach_____.

8. Rug an feirmeoir ar an tarbh sa pháirc _____inné_____.

Cén caitheamh aimsire is maith leat?

- Cén spórt is maith leat?
- Cén caitheamh aimsire eile is maith leat?
- Is maith liom a bheith ag... ach ní féidir liom...
- An mbíonn tú ag léamh/ag marcaíocht/ag péinteáil/ag imirt peile/ag bácáil?

G ✏️ **Seo leat ag scríobh**

Athscríobh na habairtí.

1. an bóthar   gaofar   shéid   síos   agus   Bhí sé   an scáth báistí   ar an Aoine

   Bhí sé an ~~bóthar~~ gaofar agus shéid

2. ar an talamh   agus   Ní fhaca   an banana   an madra   shleamhnaigh sé

   Ní fhaca an madra an banana shleamhnaigh sé agus an talamh

3. fios ar   Bhí   ar an mbóthar   timpiste   chuir   agus   an garda   an otharcharr

   Bhí timpiste an bóthar agus an oth

4. ar a naoi a chlog   go dtí   an seanfhear   aréir   Thiomáin   an t-aerfort

   Thiomáin

5. salach   Ghlan   an sruthán   ansin   an rang   bhí   agus   orthu   tuirse an domhain

   Ghlan

H 📖 **Dán deas**

Mo Theachín Beag Deas

1. Tá teachín beag deas
   Ar an mbóthar úd theas.
   Agus crainn ina thimpeall
   Is fothain is teas.

2. Is níl áit sa domhan
   Arbh fhearr liom bheith ann,
   Ná sa teachín beag cluthar
   Ansiúd measc na gcrann.

3. Ní mór é le rá
   Mar níl sé róbhreá
   Ná fairsing istigh ann
   ná leathan ná ard.

4. Ach leis sin go léir
   Níl pálás faoin spéir
   Ab' fhearr liom ná tusa
   Mo theachín beag féin.

   Mícheál Mac Donnchadha

A 🦻 Teanga ó bhéal – Éisteacht

⭐ Éist agus scríobh A nó B.

1. ☐   2. ☐   3. ☐   4. ☐

5. ☐   6. ☐   7. ☐   8. ☐

⭐ Éist leis an scéal agus scríobh A nó B.

1. ☐   2. ☐   3. ☐   4. ☐

5. ☐   6. ☐   7. ☐   8. ☐

B 👄 Teanga ó bhéal – Labhairt

Labhair le do chara faoi na pictiúir. Aimsigh na difríochtaí (10).

- Cad a fheiceann tú?
- Cé atá ag...?
- An maith leat...?
- An dóigh leat go bhfuil...?
- Cad atá á dhéanamh ag...?

- An bhfeiceann tú... ag...?
- Cé atá sa...?
- An fearr leat...?
- Cá bhfuil an...?
- Cad atá i lámh...?

- An bhfuil... ag...?
- Cé atá ar an...?
- Taispeáin dom an...
- Cuir do mhéar ar an...
- Cén fáth a bhfuil... ag...?

- Feicim...
- Tá/Níl... ag...
- Is dóigh liom go bhfuil...

- B'fhéidir go bhfuil...
- Is/Ní maith liom...
  ach is fearr liom...

C   Léamh agus scríobh

⭐ **Athscríobh na habairtí iontacha seo.**

1. Rachaidh   go dtí

_____

2. Gheobhaidh

_____

3. Tabharfaidh

_____

4. Íosfaidh

_____

5. Beidh

_____

⭐ **Cuir na focail seo a leanas in abairtí.**

1. scrúdú matamaitice: _____.

2. stáisiún na ngardaí: _____.

3. nuair a: _____.

4. obair bhaile: _____.

5. timpiste: _____.

6. an seanfhear bocht: _____.

⭐ **Críochnaigh na habairtí.**

1. Bhí na cailíní i dtrioblóid mar _____

2. Rith fear an phoist síos an bóthar ar nós na gaoithe nuair a _____

_____.

3. Cheannaigh an sagart uibheacha sa siopa ach _____.

4. Ní fhaca na páistí an madra agus _____.

Bhí scrúdú matamaitice ag na páistí ar scoil agus fuair Fionn lánmharcanna sa scrúdú. Bhí bród an domhain air. Thug an múinteoir pas obair bhaile dó. Ar an mbealach abhaile, chuir sé glaoch ar Fhia.

Fionn: Haigh a Mham! Fuair mé céad faoin gcéad sa scrúdú matamaitice.

Fia: Maith an buachaill!

Fionn: Níl aon obair bhaile agam – an bhfuil cead agam dul abhaile le Sadhbh?

Fia: Tá, cinnte – ach tar abhaile in am don tae.

Shiúil Ollaí agus Hollaí abhaile.

Ollaí: Déanfaimid an obair bhaile ar dtús...

Hollaí: ...agus ansin, rachaimid amach ag rothaíocht.

Nuair a bhí an obair bhaile críochnaithe, léim Hollaí agus Ollaí ar na rothair agus chuaigh siad sall go teach Fhinn. Bhí Sadhbh agus Fionn ag súgradh.

Ollaí: Ar mhaith libh cluiche peile a imirt?

Sadhbh: Go hiontach.

Thosaigh siad ag imirt peile agus bhí an-spórt acu. Tar éis tamaill, fuair Fionn cúl.

Fionn: Hurá! Lánmharcanna sa scrúdú agus anois is mise an peileadóir is fearr!

Sadhbh: Ná bí ag maíomh!

Bhí na páistí eile ar buile. Thug Sadhbh cic don liathróid ach d'imigh an liathróid suas sa chrann.

Ollaí: Féach cad a rinne tú!

Tá brón orm!

Ollaí: Is mise an duine is airde – gheobhaidh mise an liathróid!

Sadhbh: Is mise an duine is sine – gheobhaidh mise an liathróid!

Fionn: Is mise an duine is cliste – gheobhaidh mise an liathróid!

Suas sa chrann le Fionn ar nós na gaoithe agus rug sé ar an liathróid. Chaith sé an liathróid síos chuig Ollaí.

Fionn: Léimfidh mé síos!

Sadhbh: Ná léim!

Hollaí: Tá sé ródhainséarach.

Ach léim Fionn! Bhí an crann ró-ard agus thit Fionn ar an talamh. Thosaigh sé ag screadaíl.

Fionn: Mo chos! Tá mo chos briste. Cuir fios ar an otharcharr!

Ollaí: Go bhfóire Dia orainn!

Rith Sadhbh isteach sa teach. Tháinig Fia amach agus d'fhéach sí ar an gcos. Chuir sí bindealán ar an rúitín.

Fia: Níl do chos briste ach chas tú do rúitín. Beidh tú ceart go leor.

Nuair a sheas Fionn suas, bhí a bhríste stróicthe. Bhí na páistí eile sna trithí gáire.

Sadhbh: B'fhéidir go bhfuil tú cliste... ach níl tú róchiallmhar!

? **Ceist agam ort**

1. Cé a fuair lánmharcanna sa scrúdú? _Bhí Fionn lánmharcanna sa scrúdú_
2. Cad a thug an múinteoir dó? _Thugan Múinteor pas dardán bhaile_
3. An ndeachaigh Fionn díreach abhaile? _Ní chuaigh Fiondíreadabhaile ón Fionn_
4. Cad a rinne Hollaí agus Ollaí nuair a bhí an obair bhaile críochnaithe?
   Bhí Hollía agus Ollaí anag rothíoghe arolcún bhaile chúichnaithe
5. Cad a bhí á dhéanamh ag Sadhbh agus Fionn?
   Bhí na paiste ag imint peile.
6. Cén fáth a raibh na páistí ar buile le Fionn?
   Bhí na paiste Buile le Fionn mar Bhí se ag maíomh
7. Ar bhris Fionn a chos? _Ná Bhris Fionn ar cos ach dhar se ar maitin_
8. Cén fáth a raibh na páistí eile sna trithí gáire?
   Bhí na paistí ag trithu gáire mar Bríste stríoc ar fionn

B 👄 **Labhair liom – Obair bheirte**

Féach ar na ceisteanna seo. Cum freagraí ón scéal.	Féach ar na freagraí seo. Cum ceisteanna ón scéal.
1. Cén saghas lae a bhí ann?	• Freagra: scrúdú matamaitice
2. An raibh fón póca ag Fionn?	• Freagra: Fionn
3. Cé a bhí ag imirt peile?	• Freagra: sa chrann
4. Cén dath a bhí ar an liathróid peile?	• Freagra: léim
5. Ar tháinig an t-otharcharr?	• Freagra: bindealán

C ✏️ **Briathra beo**

Fuair	Gheobhaidh	Rachaimid	Déanfaimid

1. _Gheobhaidh_ go dtí an t-aerfort ar a cúig a chlog.
2. _Fuair_ an múinteoir culaith spóirt nua amárach.
3. _Rachaimid_ an sagart litir sa phost ar maidin.
4. '_Déanfaimid_ pancóga don bhricfeasta,' arsa Éamonn.

- Níl aon obair bhaile agam.

airgead	am	leabhar	spéaclaí	lón	léarscáil

1. Níl aon _spéaclaí_ agam.

2. Níl aon _leabhar_ agam.

3. Níl aon _léarscáil_ agam.

4. Níl aon _am_ agam.

5. _Níl aon airgead_ agam.

6. _Níl aon lón_ agam.

- Déanfaimid an obair bhaile ar dtús agus ansin rachaimid amach ag rothaíocht.

> 2 ...tosóimid ag snámh san fharraige.   3 ...imreoimid cluiche peile.
>
> 4 ...féachfaimid ar an teilifís sa seomra suí.   1 ...déanfaimid bonnóga.

1. Ceannóimid uibheacha agus plúr agus ansin _déanfaimid bonnóga_.

2. Rachaimid go dtí an trá agus ansin _tosóimid ag snámh san fharraige_.

3. Cuirfimid orainn ár mbróga peile agus ansin _imreoidh cluiche peile_.

4. Íosfaimid an dinnéar agus ansin _féachfaimid ar an teilifís sa seomra suí_.

- Tá sé ródhainséarach!

Tarraing pictiúr agus taispeáin 'Tá sé ródhainséarach!'

E ⚙️ **Seo leat ag foghlaim – Aidiachtaí**

mór	beag	glan	salach
ramhar	tanaí	fuar	te
tapa	mall	fliuch	tirim
ard	íseal	láidir	lag
sean	óg	saibhir	bocht

F ✏️ **Seo leat ag scríobh - Aidiachtaí**

1. Tá mise ___Beag___ 🐘 ach tá tusa ___Mor___ . 🐘
2. Tá mise ___tupd___ 🦊 ach tá tusa ___Mall___ . 🐌
3. Tá mise ___láidir___ 💪 ach tá tusa ___lag___ .

saibhir	óg	fliuch	salach

1. Rith an cailín ___óg___ síos an bóthar ar nós na gaoithe.
2. Thit Oisín sa láib agus bhí a lámha ___salach___ .
3. Bhí sé ag cur báistí agus bhí na páistí ___fliuch___ .
4. Cheannaigh an fear ___saibhir___ a lán bronntanas sa siopa.

G 👄 **Seo libh ag caint – Aidiachtaí**

• Cé hé/hí an duine is airde/ísle/óige/sine/tapúla/láidre sa rang?

H ✏️ **Seo leat ag scríobh**

Líon na bearnaí agus scríobh an scéal.

Buachaillí Cineálta

chonaic	thug sé	áthas an domhain	ar an gcosán	abhaile
an garda	Tar éis tamaill	an t-airgead	an seanfhear
cheannaigh	ag caint	chaill	timpeall	Shiúil	an bóthar

Bhí Fionn agus Timmí ag siúl *an bóthar* ón scoil. Bhí a lán carranna
ag dul suas síos _____ . Stop na páistí ag na soilse tráchta.
_____ , chonaic siad an fear glas ar lasadh. *Shiúil* siad
trasna an bhóthair. Go tobann, chonaic Fionn nóta fiche euro *áthas an domhain*
Phioc sé suas é agus d'fhéach sé _____ . Ansin _____
na páistí garda ar thaobh an bhóthair. Bhí sé _____ le seanfhear.
'B'fhéidir gur chaill _____ an t-airgead,' arsa Timmí. Thug na páistí
abhaile don gharda. Dúirt an garda gur *an t-airgead* an
seanfhear an t-airgead. Thug _____ an t-airgead dó agus bhí
_____ ar an seanfhear. 'Go raibh míle maith agaibh,' ar seisean.
Chuir sé a lámh ina phóca agus *thug sé* dhá euro do na páistí. Isteach sa
siopa leo agus _____ siad dhá leabhar grinn. Bhí na buachaillí sona
sásta nuair a bhí siad ag dul abhaile.

I 👄 **Obair bheirte – Trína chéile sa bhaile mór**

Cad atá cearr leis an bpictiúr? Aimsigh na botúin (8).

95

trampailín

lus gréine

plandaí móra

plandaí beaga

leabhair nua

ticéad don chrannchur

leabhair ghrinn

seanleabhair

bréagáin

ag péinteáil

ingne

ag díol agus ag ceannach

roth mór

uachtar reoite

páistí

scuaine

stalla na mbuidéal

ceapairí

cístí

bonnóga

burgar

duaiseanna

rollóga ispíní

béigeal

97

Shuigh an cat dubh **ar an** stól sa chistin.	Sheas an tseanbhean **faoin** scáth báistí.	Léim an madra fíochmhar **thar** an ngeata.
Bhí an ubh Chásca i bhfolach **sa** ghairdín.	Thit an fear láidir **den** dréimire.	Shuigh an seanfhear ar an gcathaoir **in aice** na tine.
Bhí an bosca bruscair **os comhair** an gharáiste.	Bhí an buachaill óg i bhfolach **taobh thiar** den chrann.	D'fhág an peileadóir an carr galánta **ar thaobh** an bhóthair.
Thit an t-éinín beag **as an** nead.	Shiúil an capall liath **timpeall** na páirce.	Rith an gadaí **isteach** sa bhanc ar a cúig a chlog.

Seo leat ag scríobh

Ceartaigh na botúin agus athscríobh na habairtí.

1. Chuir an seanfhear an t-airgead sa póca inné.

_____

2. Fan mé sa bhaile mar bhí mé tinn.

_____

3. An bhfuil na páistí ag pleidhcíocht ar scoil inné?

_____

4. Gheobhaidh na páistí obair bhaile aréir.

_____

C

Seo leat ag scríobh

Féach ar na pictiúir agus scríobh an scéal.

Buachaillí Dána

Lá breá fómhair   caipín   síos an bóthar

ionadh an domhain   go tobann   d'fhéach

camán   úlla deasa   rug

ar an mballa   chabhraigh   sna trithí gáire

Cad a dhéanfaimid anois?   neantóga
Féach cad a rinne tú!

madra mór fíochmhar
ar nós na gaoithe   A leithéid de lá!

Bhí na cairde ag teacht abhaile ón bpáirc nuair a chonaic siad dhá ghabhar i lár an bhóthair.

Oisín: Féach, sin Meigeall agus Mugall!

Ollaí: Beidh Beití buartha.

Timmí: Rachaimid go carbhán Bheití.

Aoife: Caithfimid na gabhair a fháil ar dtús.

Shiúil Ollaí go mall agus rug sé ar Mheigeall ach rith Mugall ar fud na háite. Rith na páistí ina dhiaidh agus bhí an-spórt acu. Ach bhí Mugall róchliste.

Ar deireadh thiar thall, rug Aoife ar Mhugall agus nuair a shroich siad carbhán Bheití, bhí áthas an domhain uirthi.

Beití: Ní raibh a fhios agam cá raibh siad.

Oisín: Bhí siad i lár an bhóthair!

Beití: Bíonn siad i gcónaí ag éalú.
Go raibh míle maith agaibh.

Thug Beití uibheacha agus cáis do na páistí nuair a bhí siad ag dul abhaile. Ansin, thug sí mála síolta d'Aoife.

Beití: Cuir na síolta sa talamh agus féach cad a tharlaíonn!

An lá dar gcionn, thug Aoife na síolta don mhúinteoir.

Múinteoir: Seo síol lus gréine daoibh go léir.

Hollaí: Beidh comórtas againn –
comórtas na lusanna gréine!

Múinteoir: Beidh... cé a fhásfaidh an lus gréine
is airde sa scoil?

Bhí sceitimíní ar na páistí. Thosaigh an comórtas agus bhí plean ag na páistí go léir do na síolta a fuair siad.

Chuaigh na páistí amach i ngairdín na scoile agus chuir gach páiste síol sa talamh. Tar éis cúpla seachtain, bhí na bláthanna ag fás agus tar éis cúpla mí, bhí na bláthanna an-ard. Bhí an lus gréine is mó ag Aoife. Bhí na bláthanna go hálainn agus tháinig na beacha ar cuairt gach lá.

Lá amháin, tháinig beach mhór ramhar isteach an fhuinneog. D'eitil sí timpeall an tseomra ranga. Ansin, tháinig sí anuas agus shuigh sí i lár an bhoird. Léim Hollaí. Léim Oisín freisin. Thosaigh Timmí agus Sadhbh ag screadaíl.

Hollaí: Seachain an bheach!

Múinteoir: Suígí síos. Ná bac leis an mbeach!

Sadhbh: Ach tá sí ollmhór, a mhúinteoir.

Múinteoir: B'fhearr leis an mbeach na bláthanna ná na páistí.

Timmí: Go bhfóire Dia orainn.

Múinteoir: Suigh síos, a Thimmí agus ná bí chomh hamaideach.

Díreach ansin, d'éirigh an bheach agus d'eitil sí i dtreo an mhúinteora. Thuirling sí ar a láimh. Phreab an múinteoir agus rith sí amach an doras ar nós na gaoithe. Lean an bheach í. Nuair a d'fhéach na páistí amach an fhuinneog, bhí an múinteoir amuigh i ngairdín na scoile ag rith ar fud na háite. Bhí na páistí sna trithí gáire. Ach chuaigh Ollaí agus Hollaí amach. Chabhraigh siad leis an múinteoir.

Ollaí: Siúl i dtreo na lusanna gréine.

Hollaí: B'fhearr leis an mbeach na bláthanna ná na múinteoirí!

Ollaí: Ná bac leis an mbeach!

An múinteoir bocht!

? **Ceist agam ort**

[handwritten: what did the children]

1. Cad a chonaic na cairde nuair a bhí siad ag teacht abhaile?

   [handwritten: chonaig na cairde gotaí ag teacht a-bhaile]
   [handwritten: ho ceangl]

2. Cé a rug ar Mheigeall? *[handwritten: Aoife ang ar breeingll]*

3. Cad a thug Beití d'Aoife? *[handwritten: thug beití saltaí llatana ar Aoife]*

   [handwritten: what did Aoife]
4. Cad a rinne Aoife leis na síolta? *[handwritten: Thug aoife saltaí áram muiteor]*

5. Ar chuir na páistí na síolta sa talamh?

   [handwritten: chuir na paist í na síolla sa talmh]
   [handwritten: why did the kids jump]
6. Cén fáth ar léim na páistí?

   [handwritten: léim na paist mar beach said an leach]

7. Cad a rinne an múinteoir nuair a d'eitil an bheach ina treo?

   [handwritten: rithe anmuiteor mar beach en muinteor beach]

8. Ar chabhraigh aon duine leis an múinteoir?

   [handwritten: Ní]

B 👄 **Labhair liom – Obair bheirte**

Féach ar na ceisteanna seo. Cum freagraí ón scéal.	Féach ar na freagraí seo. Cum ceisteanna ón scéal.
1. Cé a bhí ag siúl síos an bóthar?	• *Freagra:* Mugall
2. An raibh a fhios ag Beití cá raibh na gabhair?	• *Freagra:* i lár an bhóthair
3. Cad a thug Beití do na páistí?	• *Freagra:* na beacha
4. Cén dath a bhí ar an lus gréine?	• *Freagra:* Ní raibh.
5. Cé mhéad páiste a bhí i ngairdín na scoile?	• *Freagra:* Hollaí agus Ollaí

C ✏️ **Briathra beo**

Críochnaigh na habairtí seo a leanas.

1. Beidh _____.

2. Rachaidh _____.

3. Tabharfaidh _____.

4. D'eitil _____.

• **B'fhearr leis an mbeach na bláthanna ná na páistí.**

1. B'fhearr liom uachtar reoite ná _____ .

2. B'fhearr liom an Satharn ná _____ .

3. B'fhearr liom léitheoireacht ná _____ .

4. B'fhearr liom cluiche cispheile ná _____ .

5. B'fhearr liom Gaeilge ná _____ .

• **Rith Mugall ar fud na háite.**

D'eitil an spideog	Chaith an buachaill dána an bruscar
Thit na litreacha	Dhoirt Fionn an bainne Shéid an deatach

1. _____ ar fud na háite.

2. _____ ar fud na háite.

3. _____ ar fud na háite.

4. _____ .

5. _____ .

Anois, scríobh d'abairtí féin i do chóipleabhar.

1. _____ ar fud na háite.

2. _____ ar fud na háite.

• **Seachain an bheach!**

Seachain an carr!

Seachain an liathróid!

Seachain an madra!

Anois, bain triail as tú féin. Tarraing pictiúr agus taispeáin 'Seachain an...!'

Seo leat ag foghlaim – Briathra Neamhrialta

An Aimsir Chaite   **An Aimsir Láithreach**   **An Aimsir Fháistineach**

An Aimsir Chaite

Fuair Sam íde béil ó Mham
Ar leathuair tar éis a seacht,
Rug sé ar an liathróid,
Agus **tháinig** sé isteach.
Rinne Daidí cáca,
Thug sé é do Sham.
D'ith Sam é go sásta
Is **bhí** a bholg lán.
Chonaic Sam a Mham ag teacht
Agus **chuala** sé í.
Dúirt sé a phaidreacha
Agus **chuaigh** sé a luí.

Anois, scríobh an dán san Aimsir Láithreach.

Faigheann Sam íde béil ó Mham
Ar leathuair tar éis a seacht,
_____ sé ar an liathróid,
Agus **tagann** sé isteach.
_____ Daidí cáca,
Tugann sé é do Sham.
_____ Sam é go sásta
Is **bíonn** a bholg lán.
_____ Sam a Mham ag teacht
Agus **cloiseann** sé í.
_____ sé a phaidreacha
Agus **téann** sé a luí.

Anois, scríobh an dán san Aimsir Fháistineach.

_____ Sam íde béil ó Mham
Ar leathuair tar éis a seacht,
Béarfaidh sé ar an liathróid,
Agus _____ sé isteach.
Déanfaidh Daidí cáca,
_____ sé é do Sham.
Íosfaidh Sam é go sásta
Is _____ a bholg lán.
Feicfidh Sam a Mham ag teacht
Agus _____ sé í.
Déarfaidh sé a phaidreacha
Agus _____ sé a luí.

Líon na bearnaí.

1. _____ na páistí an obair bhaile inné.

2. _____ an t-aeróstach go dtí an t-aerfort amárach.

3. _____ Alana ceapaire sicín ag am lóin gach lá.

4. _____ Oisín na héin ag canadh aréir.

5. _____ an múinteoir go dtí an leabharlann maidin amárach.

6. _____ na páistí ag súgradh sa chlós ó Luan go hAoine.

📖 **Foclóir nua**

An féidir liom, leat, linn, libh...?

- An féidir liom na cóipleabhair, na pictiúir a bhailiú?
- An féidir liom an lón, an leabhar, a chur isteach?
- An féidir liom an doras, na fuinneoga, na cóipleabhair, a dhúnadh?
- An féidir leat slacht a chur ar an seomra, an mála, an deasc?
- An féidir linn dul go dtí an leabharlann, an halla, an clós, an oifig?
- An féidir linn dul amach?
- An féidir libh na cathaoireacha, na boscaí, a chur suas?
- An féidir libh éisteacht leis na páistí, an múinteoir?
- An féidir libh féachaint ar an gclár bán, an leabhar?
- An féidir libh an doras, an leabhar, an mála, a oscailt?
- An féidir libh na páipéir, an peann luaidhe, a phiocadh suas?
- An féidir libh an obair bhaile, an dán, a scríobh síos?
- An féidir libh suí síos/seasamh suas?
- An féidir libh an nóta seo, an leabhar seo, a thabhairt don mhúinteoir?
- An féidir libh an leabhar, an cóipleabhar, an peann, a thógáil amach?
- An féidir libh tosú ag obair, ag scríobh, ag canadh, ag seinm?

Bain úsáid as na frásaí thuas i rith an lae.
Ansin, cum sceitse beag agus bain úsáid as na frásaí thuas.

G 📖 **Dán deas**

Buzzy

1. Bhí Buzzy ag obair go dian
   In aice lena theach.
   Nuair a chonaic sé rós álainn
   Agus d'eitil sé isteach.

2. Bhailigh sé an mhil
   Sna málaí ina chos,
   Bhí tuirse mhór ar Bhuzzy
   Ach ní raibh am aige do shos.

3. Ach beach bheag ba ea Buzzy
   Is sa ghairdín tar éis cúpla lá.
   Thit Buzzy bocht i laige
   Is ní raibh sé ábalta 'Bzzz' a rá.

4. Is ann a bhuail mé le Buzzy
   Sínte amach ar an bhféar
   Ach thug mé síob abhaile dó
   Nuair a dhreap sé ar mo mhéar.

Seán Ó hEachthigheirn

Mí na Bealtaine a bhí ann agus bhí gach éinne ag ullmhú don scipatón. Chuaigh Pia go dtí an siopa spóirt agus cheannaigh sí dhá théad scipeála – ceann di féin agus ceann do Phedro. Bhí téad ag Sadhbh agus Sam cheana féin. Gach tráthnóna, chaith an ceathrar acu tamall ag scipeáil. Ar dtús, ní raibh Pedro go maith ag scipeáil ach chabhraigh na páistí leis.

Preparing for the scipatón. Pia went to the sport shop and she bought two skipping ropes — one for herself and one for Pedro. Sadhbh and Sam had a rope already. Every afternoon... a little time skipping.

Pedro: Ní féidir liom é seo a dhéanamh!
I can't do this!

Sadhbh: Lean ar aghaidh!
Keep going

Sam: Cabhróidh mé leat.
I will help you

Diaidh ar ndiaidh, tháinig feabhas orthu go léir.
Bit By Bit   They all improved

Sam: Is breá liom a bheith ag scipeáil.

Pedro: Táim ag tnúth leis an Scipatón!
I am looking forward to the scipatón

Pia: Beidh lá iontach againn.
we will have a great day

Faoi dheireadh, tháinig lá an Scipatóin. Bhí an ghrian ag taitneamh agus bhí an aimsir go hálainn. Bhí na páistí ar bís. Ag am lóin, chuaigh siad go léir amach sa chlós. Bhí téad scipeála ag gach éinne. Shéid an príomhoide feadóg agus chuir sí tús leis an Scipatón. Thosaigh na naíonáin ag scipeáil ar dtús. Ansin, thosaigh na páistí eile ag scipeáil. Tar éis tamaill, thosaigh na tuismitheoirí agus na múinteoirí ag scipeáil. Bhí Pedro ar fheabhas!
infants   after a while   Parents

Pedro: Mo sheans anois!
my go now

Sadhbh: Ní chreidim é seo... tá tú go hiontach!

Hollaí agus Fionn: Ar aghaidh leat, a Phedro!
keep going Pedro

Ar a dó a chlóg, tháinig muintir an bhaile go dtí an Scipatón. Bhailigh na páistí airgead ag geata na scoile. Faoin am seo, bhí an ceol ar siúl, bhí na páistí ag bualadh bos agus bhí na cuairteoirí ag scipeáil. Díreach ansin, tháinig Beití agus Bágún isteach i gclós na scoile. Chuir na páistí go léir fáilte rompu.
visitors

Fionn: Seo téad scipeála duit, a Bheití!
welcome

Beití: Ach ní féidir liom scipeáil!

Sadhbh: Cinnte is féidir leat!

Pedro: Bain triail as!
give it a go

Bhí Beití neirbhíseach ach thóg sí an téad scipeála. Bhí sceitimíní ar na páistí.

Timmí: Seo leat, a Bheití!

Aoife: Ar aghaidh leat, a Bheití!

Beití: Ceart go leor!

Thosaigh Beití ag scipeáil go mall ar dtús.
Ansin, thosaigh sí ag scipeáil go tapa.
Agus ansin, thosaigh sí ag déanamh cleas scipeála.
Bhí ionadh an domhain ar gach éinne.

Oisín: Maith thú!

Ollaí: Ní chreidim é seo... tá Beití thar barr!

Aoife: Beití – Seaimpín na Scipeála!

Ach go tobann, stop Beití ag scipeáil. Thosaigh sí ag luascadh anonn is anall.

Pedro agus Pia: Go bhfóire Dia orainn!

Príomhoide: Cuir fios ar an otharcharr.

Beití: Ná cuir fios ar an otharcharr.

Bhí gach éinne buartha. Thug an múinteoir gloine uisce do Bheití. Rith Fionn agus Sadhbh isteach sa scoil agus nuair a tháinig siad ar ais, thug siad uachtar reoite do Bheití.

Fionn: An bhfuil tú ceart go leor?

Beití: Beidh mé ceart go leor i gceann cúpla nóiméad. B'fhéidir gur mhaith le Bágún uachtar reoite freisin.

An oíche sin, bhí Beití ina suí sa chathaoir ar an bpaitió.
Bhí sí ag luascadh anonn is anall.
Bhí sí tuirseach traochta ach sona sásta.

Beití: Bhí an scipeáil ceart go leor...
ach bhí an t-uachtar reoite go hálainn!

A ❓ Ceist agam ort

1. Cén mhí a bhí ann? _Bhí mí na Bealtaine_

2. Cad a cheannaigh Pia sa siopa? _cheannaigh Pia dhá thread scipeálta_

3. An raibh Pedro go maith ag scipeáil? _Ní raibh pedro go maith ag skipeáil_

4. Conas a chuir an príomhoide tús leis an Scipatón?
   Shéid a Bríofhide feadóg

5. Ag an Scipatón, cad a bhí ag gach duine? _Bhí treads cipealt ag gach Dúine_

6. Cad a tharla ag a dó a chlog? _Bhí an Skipatón ar a dó a glog_

7. Cé a chuir fáilte roimh Bheití?
   Bhí na páist fáilte roimh Bheití

8. Cén fáth a raibh gach éinne buartha?
   Bhí gach éinne buartha mar Thaiseaigh Bheití buastud

B 👄 Labhair liom – Obair bheirte

Féach ar na ceisteanna seo. Cum freagraí ón scéal.	Féach ar na freagraí seo. Cum ceisteanna ón scéal.
1. Cén saghas lae a bhí ann don Scipatón?	• *Freagra:* gloine uisce
2. Cad iad na héadaí a bhí ar an bpríomhoide?	• *Freagra:* gach tráthnóna
3. Cé a bhí ag scipeáil le Pedro?	• *Freagra:* na naíonáin
4. Cé eile a bhí ag ithe uachtar reoite?	• *Freagra:* ag geata na scoile
5. An raibh Beití tinn dar leat?	• *Freagra:* Beití

C ✏️ Briathra beo

Críochnaigh na habairtí seo a leanas.

1. Shéid _____.

2. Chuaigh _____.

3. Beidh _____.

4. Tosóidh _____.

5. Tiocfaidh _____.

6. Ceannóidh _____.

- **Táim ag tnúth leis an Scipatón.**

| an turas scoile | na laethanta saoire | an féasta | an margadh saothair |

1. Táim ag tnúth leis _an marghadh saothair_.
2. Táim ag tnúth leis _an Turas scoile_.
3. Táim ag tnúth leis _na laethanta Saoire_.
4. Táim ag tnúth leis _an feasta_.

- **Is breá liom a bheith ag scipeáil.**

| ag éisteacht le ceol | ag canadh sa chór | ag cniotáil | ag imirt gailf |

1. Is breá liom a bheith _ag cniotáil_.
2. Is breá liom a bheith _ag éisteacht Ceol_.
3. Is breá liom a bheith _ag imirt gailf_.
4. Is breá liom a bheith _ag canadh sa chór_.

Anois, scríobh d'abairtí féin. Cad is breá leatsa?

1. Is breá liom a bheith _ag imirt Rugbaí_.
2. Is breá liom a bheith _ag imirt Peile_.

- **Ní féidir liom é seo a dhéanamh. Cinnte is féidir leat!**

Ní féidir liom é seo a dhéanamh.

Cinnte is féidir leat!

Ní féidir liom é seo a dhéanamh.

Cinnte is féidir leat!

Ní féidir liom é seo a dhéanamh.

Cinnte is féidir leat!

Anois, bain triail as tú féin. Tarraing pictiúr agus taispeáin 'Ní féidir liom é seo a dhéanamh. Cinnte is féidir leat!'

Seo leat ag foghlaim – Aimsir Fháistineach

Ceisteanna agus freagraí

?	✔	✗
An **d**tóg**faidh**	Tóg**faidh**	Ní thóg**faidh**
An **g**cuir**fidh**	Cuir**fidh**	Ní chuir**fidh**
An **bh**fan**faidh**	Fan**faidh**	Ní fhan**faidh**
An **n**gearr**faidh**	Gearr**faidh**	Ní ghearr**faidh**
An **m**bail**eoidh**	Bail**eoidh**	Ní bhail**eoidh**
An **g**ceann**óidh**	Ceann**óidh**	Ní cheann**óidh**

Freagair na ceisteanna.

An dtógfaidh Daidí airgead as a phóca?

_____ Daidí airgead as a phóca.

An dtógfaidh Pedro airgead as a phóca?

_____ Pedro airgead as a phóca.

An gceannóidh Mamaí ticéad don sorcas?

_____ Mamaí ticéad don sorcas.

An ngearrfaidh an garda an féar sa ghairdín?

_____ an garda an féar sa ghairdín.

An mbaileoidh an múinteoir na cóipleabhair?

_____ an múinteoir na cóipleabhair.

An gcuirfidh an siopadóir na cannaí ar an tseilf?

_____ an siopadóir na cannaí ar an tseilf.

An bhfanfaidh Beití san ionad siopadóireachta amárach?

_____ Beití san ionad siopadóireachta amárach.

Foclóir nua

Spórt agus scléip!

Cúl!

ag imirt sacair

Cúilín!

ag iománaíocht

Mí-ádh!

ag imirt peile

Preab an liathróid.

Ní raibh sé amuigh!

Dhá phointe!

ag imirt cispheile

Go bhfóire Dia orainn!

Rith... rith go tapa!

Nár laga Dia thú!

ag rith agus ag rásaíocht

Ná stop anois!

ag snámh

Lean ort!

Lean ar aghaidh!

ag rothaíocht

Bain triail as.

ag scátáil

Buail an liathróid!

ag imirt leadóige

Do sheirbhís.

ag imirt leadóg boird

Calaois!

Brostaigh!

Anseo!

ag imirt peile

Ar aghaidh leat.

ag marcaíocht

Go réidh anois.

ag iascaireacht

Maith thú!

ag imirt gailf

Comhghairdeas!

ag buachan

Bain úsáid as na frásaí thuas i rith an lae.
Ansin, cum sceitse beag agus bain úsáid as na frásaí thuas.

20 Thíos ag an Abhainn

An samhradh a bhí ann. Dhúisigh na páistí go moch ar maidin.

Hollaí: Táimid ar laethanta saoire.

Ollaí: Tá smaoineamh maith agam!

Daidí: Tá an lá go hálainn. Éirígí!

Ollaí: An féidir linn dul go dtí an abhainn?

Daidí: Is féidir, ach déan deifir.

Bhí Hollaí agus Ollaí ag rith ar fud na háite.

Hollaí: Cá bhfuil mo bhróga reatha?

Ollaí: Cá bhfuil an tslat iascaigh?

Daidí: Caithfimid picnic a ullmhú ar dtús.

D'ullmhaigh Daidí agus Mamaí picnic álainn.

Mamaí: An bhfuil sibh réidh fós?

Ollaí: Tá, ach fan liomsa!

Hollaí: Brostaigh ort!

Chuir Mamaí an phicnic sa chiseán. Bhí sé lán go barr le rudaí deasa.

Daidí: Seo leat, Alí!

Rug Daidí ar an tslat iascaigh agus amach an doras leis. Rug Ollaí agus Hollaí ar Alí.

Mamaí: Tabhair aire d'Alí.

Hollaí: Ceart go leor!

D'fhan Mamaí agus Learaí sa bhaile.

Mamaí: Tá siad imithe... ar deireadh thiar thall. Síocháin!

Léim siad ar na rothair agus ar aghaidh leo ar nós na gaoithe. Chuaigh siad síos go dtí an abhainn.

Daidí: Tá an lá go hálainn.

Hollaí: Is breá liom na laethanta saoire!

Sheas Daidí agus Alí ar an droichead. Thosaigh siad ag iascaireacht. Rug Daidí ar iasc.

Alí: Maith thú!

Léim Hollaí agus Ollaí ó charraig go carraig.

Daidí: Bí cúramach!

Ollaí: Táim ceart go leor.

Go tobann, thit Ollaí isteach san abhainn. Ní raibh Ollaí róshásta ach bhí Hollaí sna trithí gáire.

Daidí: Go bhfóire Dia orainn.

Ollaí: Cad a dhéanfaidh mé anois?

Hollaí: Seas suas agus stop den ghearán!

Bhí Ollaí fliuch báite agus bhí Hollaí fós sna trithí gáire.

Ollaí: Cad atá chomh greannmhar? Tá mé fliuch báite.

Hollaí: Ollaí bocht.

Go tobann, lig Ollaí béic as.

Ollaí: Féach – rug mé ar iasc!

Alí: Maith thú!

Tar éis tamaill, shuigh an chlann síos agus d'ith siad an phicnic. Chuir Ollaí na héadaí ar an gcrann agus luigh sé siar ar an gcarraig.

Hollaí: Tá an phicnic go hálainn, a Dhaidí.
Go raibh míle maith agat!

Ollaí: Seo an saol!

? Ceist agam ort

1. An raibh na páistí ar laethanta saoire? _____

2. Cé a d'ullmhaigh an phicnic? _____

3. Ar fhan Alí sa bhaile? _____

4. Cá ndeachaigh Daidí agus na páistí? _____

5. Cá raibh Daidí agus Alí? _____

6. Cé a léim ó charraig go carraig? _____

7. Cén fáth a raibh Hollaí sna trithí gáire?

   _____

8. Cár chuir Ollaí na héadaí? _____

B 👄 Labhair liom – Obair bheirte

Féach ar na ceisteanna seo. Cum freagraí ón scéal.	Féach ar na freagraí seo. Cum ceisteanna ón scéal.
1. Cad a bhí sa phicnic?	• *Freagra:* picnic
2. Cad iad na héadaí a bhí ar Alí?	• *Freagra:* go moch ar maidin
3. Cé mhéad rothar a bhí ag an gclann?	• *Freagra:* Learaí agus Mamaí
4. Cé a rug ar iasc?	• *Freagra:* Hollaí agus Ollaí
5. An maith leat na laethanta saoire? Cén fáth?	• *Freagra:* iasc

C ✏️ Briathra beo

Líon na bearnaí.

rug	bhí	Dhúisigh	shuigh	léim
Thosaigh	D'fhan	Chuaigh	d'ullmhaigh	Thit

1. _____ Aoife go moch ar maidin agus _____ sí as an leaba.

2. _____ an sagart sa bhaile agus _____ sé an lón.

3. _____ an cupán den bhord agus _____ an leabharlannaí air.

4. _____ an píolóta isteach san eitleán agus _____ sé síos.

5. _____ an gruagaire ag obair go dian agus _____ tuirse an domhain air.

Caint is comhrá

• **An féidir linn dul go dtí an abhainn?**

| an sorcas | an trá | an choill | amach faoin tuath | an baile mór |

1. An féidir linn dul go dtí _____?

2. An féidir linn dul _____?

3. An féidir linn dul go dtí _____?

4. _____?

5. _____?

Anois scríobh d'abairtí féin. Cár mhaith leat dul?

1. An féidir liom dul go dtí _____?

2. An féidir liom dul go dtí _____?

• **Cad atá chomh greannmhar?**

Cad atá chomh greannmhar?

Cad atá chomh greannmhar?

Cad atá chomh greannmhar?

Tarraing pictiúr agus taispeáin 'Cad atá chomh greannmhar?'

E **Tarraing pictiúr.**

Cad atá sa phicnic dar leat?
Líon an ciseán agus ainmnigh gach rud.

_____

_____

_____

_____

Ceisteanna agus freagraí

?	✔	✗
An **nd**éarfaidh	Déar**faidh**	Ní déar**faidh**
An **mb**éarfaidh	Béar**faidh**	Ní b**héar**faidh
An **mb**eidh	Beidh	Ní b**heidh**
An **g**cloisfidh	Clois**fidh**	Ní chlois**fidh**
An **nd**éanfaidh	Déan**faidh**	Ní dhéan**faidh**
An íosfaidh	Íos**faidh**	Ní íos**faidh**
An **d**tabharfaidh	Tabhar**faidh**	Ní thabhar**faidh**
An **d**tiocfaidh	Tioc**faidh**	Ní thioc**faidh**
An rachaidh	Rach**aidh**	Ní rach**aidh**
An **bh**faighidh	Gheobh**aidh**	Ní **bh**faighidh
An **bh**feicfidh	Feic**fidh**	Ní fheic**fidh**

Freagair na ceisteanna.

1. **An rachaidh** na páistí ar scoil amárach?

   _____ na páistí ar scoil amárach.

2. **An dtiocfaidh** an píolóta abhaile ar a deich a chlog?

   _____ an píolóta abhaile ar a deich a chlog.

3. **An ndéanfaidh** Timmí caisleán ar an trá?

   _____ Timmí caisleán ar an trá.

4. **An bhfaighidh** Alana spéaclaí nua?

   _____ Alana spéaclaí nua.

5. **An dtabharfaidh** Beití brioscaí do Bhágún?

   _____ Beití brioscaí do Bhágún.

6. **An gcloisfidh** Sam Mamaí ag glaoch?

   _____ Sam Mamaí ag glaoch.

7. **An bhfeicfidh** an seanfhear an traein ag teacht?

   _____ an seanfhear an traein ag teacht.

Aimsigh na difríochtaí (10).

H Dán deas

Éirígí, a Pháistí

Éirígí, a pháistí!
Amach linn faoin aer;
Tá an ghrian gheal ag taitneamh,
Níl scamall sa spéir.
Tá gaoth bhog ag séideadh
Thar cnoc agus gleann,
Tá duilleoga ag damhsa
Ar sceach is ar chrann.

Tá úlla is sméara
Go tiubh ar gach craobh,
Tá bláthanna geala
Ag fás ar gach taobh.
Éirígí, a pháistí!
Amach linn faoin aer
Chun aoibhneas a bhaint
As an áilleacht go léir.

Ní fios cé a chum

Bain taitneamh as na laethanta saoire!

A 🦻 Teanga ó bhéal – Éisteacht

⭐ Cuir tic leis an bpictiúr ceart.

1. A. ☐ B. ☐	2. A. ☐ B. ☐	3. A. ☐ B. ☐	4. A. ☐ B. ☐	5. A. ☐ B. ☐
6. A. ☐ B. ☐	7. A. ☐ B. ☐	8. A. ☐ B. ☐	9. A. ☐ B. ☐	10. A. ☐ B. ☐

⭐ Éist leis an scéal agus scríobh A nó B.

1. ☐   2. ☐   3. ☐   4. ☐   5. ☐

6. ☐   7. ☐   8. ☐   9. ☐   10. ☐

B 👄 Teanga ó bhéal – Labhairt

Labhair le do chara faoin bpictiúr.

Comhrá:

- An dóigh leat go bhfuil...?
- Cad atá á dhéanamh ag...?
- Cá bhfuil an...?
- Feicim...
- Is dóigh liom go bhfuil...

- Cad atá i lámh...?
- Cuir do mhéar ar an...
- Cén fáth a bhfuil... ag...?
- Is/Ní maith liom... ach is fearr liom...
- B'fhéidir go bhfuil...

Léamh agus scríobh

⭐ **Athscríobh na habairtí iontacha seo.**

1. inniu   bocht   ag damhsa   Níor thosaigh

_____

2.   ar maidin   Ghlaoigh   cliste

_____

3.   Chaill   mór   láidir

_____

4.   aréir   D'fhág   thíos

_____

5.   inné   ard   Cheannaigh

_____

⭐ **Scríobh scéilíní beaga agus bain úsáid as gach focal sa bhosca.**

Scéal 1	Scéal 2	Scéal 3	Scéal 4
nuair a	ach	agus	mar
bosca	mála	rothar	hata
salach	saibhir	tapa	beag
seanteach	sa bhaile mór	faoin tuath	ag an trá

⭐ **Críochnaigh na habairtí seo a leanas.**

1. Lá amháin, _____.

2. Ag deireadh an lae, _____.

3. Go tobann, _____.

4. Ar an mbealach abhaile, _____.

5. Díreach ansin, _____.

6. Faoi dheireadh, _____.

Eolas Breise

Dathanna

 bán
 buí
 oráiste
 bándearg
 dearg
 corcra

 glas
 gorm
 dubhghorm
 liath
 donn
 dubh

Uimhreacha

1	2	3	4	5	6	7	8	9	10
a haon	a dó	a trí	a ceathair	a cúig	a sé	a seacht	a hocht	a naoi	a deich

11	12	13	14	15	16	17	18	19	20
a haon déag	a dó dhéag	a trí déag	a ceathair déag	a cúig déag	a sé déag	a seacht déag	a hocht déag	a naoi déag	a fiche

1	duine		6	seisear
2	beirt		7	seachtar
3	triúr		8	ochtar
4	ceathrar		9	naonúr
5	cúigear		10	deichniúr

Is mise an chéad duine.

an chéad duine   an dara duine   an tríú duine   an ceathrú duine   an cúigiú duine   an séú duine

📖 Laethanta na Seachtaine

Dé Luain	Dé Máirt	Dé Céadaoin	Déardaoin	Dé hAoine	Dé Sathairn	Dé Domhnaigh
An Luan ar an Luan	**An Mháirt** ar an Máirt	**An Chéadaoin** ar an gCéadaoin	**An Déardaoin** ar an Déardaoin	**An Aoine** ar an Aoine	**An Satharn** ar an Satharn	**An Domhnach** ar an Domhnach

📖 Míonna

Eanáir	*January*	Mí Eanáir
Feabhra	*February*	Mí Feabhra
Márta	*March*	Mí an Mhárta
Aibreán	*April*	Mí Aibreáin
Bealtaine	*May*	Mí na Bealtaine
Meitheamh	*June*	Mí an Mheithimh
Iúil	*July*	Mí Iúil
Lúnasa	*August*	Mí Lúnasa
Meán Fómhair	*September*	Mí Mheán Fómhair
Deireadh Fómhair	*October*	Mí Dheireadh Fómhair
Samhain	*November*	Mí na Samhna
Nollaig	*December*	Mí na Nollag

📖 Na Séasúir

An t-earrach
Feabhra
Márta
Aibreán

An samhradh
Bealtaine
Meitheamh
Iúil

An fómhar
Lúnasa
Meán Fómhair
Deireadh Fómhair

An geimhreadh
Samhain
Nollaig
Eanáir

Buncheisteanna

Cá...? Cé...? Céard...? Cad...?

Cén fáth? Cathain...? Conas...?

Ceisteanna Coitianta

Cad is ainm duit?
Conas tá tú?
Cén aois thú?
Cé mhéad duine i do chlann?
Cén rang ina bhfuil tú?
Cá bhfuil cónaí ort?

Cén lá atá ann?
Cén t-am é?
Cad a tharla?
Cad é sin?

An bhfuil cead agam...?
Ar mhaith leat...?
Ar mhaith leat dul ag...?

An bhfuil... agat?
Cad atá ar an teilifís?
An maith leat...?
An fearr leat... nó...?
An bhfuil tú ag...?
An bhfuil tú ag dul go dtí an...?

Cá bhfuil mo...?
Cé a thóg mo...?
Ar thóg tú mo...?
Cad a dhéanfaidh mé anois?

An bhfuil tú ag... anois?
An raibh tú ag... inné?
An mbeidh tú ag... amárach?

Smaointe agus Tuairimí

Ceisteanna

Cad a cheapann tú faoi...?
What do you think about...?
Cad í do thuairim?
What is your opinion?
An dóigh leat go...?
Do you think that...?
N'fheadar an bhfuil...?
Do you think that...?

Freagraí

B'fhéidir go bhfuil/nach bhfuil...
Is dóigh liom go bhfuil/nach bhfuil...
Is dócha go bhfuil/nach bhfuil...
Níl a fhios agam.
Níl a fhios agam agus is cuma liom.
Níl tuairim faoin spéir agam.
Is cuma sa tsioc liom.

📖 Mothúcháin

Tá áthas orm.	Tá bród orm.	Tá tuirse orm.
I am happy.	*I am proud.*	*I am tired.*
Tá brón orm.	Tá imní orm.	Tá codladh orm.
I am sorry.	*I am worried.*	*I am sleepy.*
Tá eagla orm.	Tá náire orm.	Tá gliondar orm.
I am afraid.	*I am ashamed.*	*I am delighted.*
Tá fearg orm.	Tá díomá orm.	Tá sceitimíní orm.
I am angry.	*I am disappointed.*	*I am excited.*
Tá ocras orm.	Tá tart orm.	Tá áthas an domhain orm.
I am hungry.	*I am thirsty.*	*I am thrilled.*

📖 Míniú agus Eolas

> **Cén fáth a bhfuil... ort?**
>
> Tá... orm **mar**...

...bhí an múinteoir sásta.

...bhí an múinteoir míshásta.

...níl aon obair bhaile agam.

...níl aon lón agam.

...thit mé sa chlós.

...ghortaigh mé mo...

...tá pian i mo...

...bhí mé ag rith sa chlós.

...chonaic mé madra sa chlós.

...thosaigh... ag troid liom.

...bhí... ag bulaíocht.

...bhí spórt agus scléip agam.

...bhí mé ag imirt peile.

...thug... buille dom.

...inniu mo lá breithe.

...fuair mé bronntanas.

...bhí mé ag féachaint ar an teilifís.

...chonaic mé... ar an teilifís.

...cheannaigh mé... nua.

...tá mé ag dul go dtí an...

...chuaigh mé go dtí...

...thug... airgead dom.

...fuair mé... nua.

...thug mo chara... dom.

...rinne mé dearmad ar mo...

...chabhraigh... liom.

...chaill mé mo...

...ní dhearna mé m'obair bhaile.

ar an – *on the*	leis an – *with the*	thar an – *over the*
faoin – *under the*	go dtí an – *to the*	tríd an – *through the*
ag an – *at the*	trasna – *across*	as an – *out of the*
den – *of/off the*	timpeall – *around*	sa/san – *in the*

📖 Gluaiseacht

suas – *up*	síos – *down*
amach – *out*	isteach – *in*

📖 Comparáidí

Seo mála **mór**.   Seo mála **níos mó**.   Sin é an mála **is mó**.

mór	níos mó	is mó	*big*
beag	níos lú	is lú	*small*
lag	níos laige	is laige	*weak*
láidir	níos láidre	is láidre	*strong*
milis	níos milse	is milse	*sweet*
saibhir	níos saibhre	is saibhre	*rich*
óg	níos óige	is óige	*young*
sean	níos sine	is sine	*old*
ard	níos airde	is airde	*tall*
íseal	níos ísle	is ísle	*low*
ramhar	níos raimhre	is raimhre	*fat*
tanaí	níos tanaí	is tanaí	*thin*
fada	níos faide	is faide	*long*
gearr	níos giorra	is giorra	*short*
glan	níos glaine	is glaine	*clean*
salach	níos salaí	is salaí	*dirty*

Is mise...
...is ainm dom.
Táim... (m)bliana d'aois.
Táim go maith.
Nílim go maith.

Is maith liom...
Is breá liom... (freisin).
Is maith liom... ach is
     fearr liom...
Ba mhaith liom... más é
     do thoil é.
Seo é an... Seo í an...
Seo é mo... Seo í mo...
Seo é/í mo chara.
Is é/í... mo chara.

Tá/Níl... sásta.
Bhí/Ní raibh... sásta.
Tá... crosta.
Tá... míshásta.
Tá... mímhúinte.
Tá... mímhacánta.
Tá tú (an-)dána.
Buachaill/cailín maith!
Maith an buachaill/cailín!

A mhúinteoir...
Thug... cic dom.
Thóg... mo lón.
Tá an múinteoir ag
     teacht.
Sin é an buachaill
     maith/dána.
Sin í an cailín
     maith/dána.

Bhí... ag caint le...
Bhí... ag screadaíl.

Bhí... ag bulaíocht
     sa chlós.
Ná habair leis an
     múinteoir.
Cad a tharla?
An bhfuil tú ceart
     go leor?
Cabhróidh mé leat.

Gabh mo leithscéal...
...más é do thoil é.
Go raibh maith agat.
Tá fáilte romhat.
Slán go fóill.
Tá brón orm.
Níl a fhios agam.

Tá... go hálainn.
Tá... go hiontach.
Tá... ar fheabhas.
Seo leat!
Bain triail as!
Bí cúramach!
Brostaigh ort!
Tar anseo!
Tar isteach.
Fan nóiméad.

Stop den troid.
Stop den phleidhcíocht.
Stop den chaint.
Stop den luascadh.
Stop den obair.

Glan an/na...
Dún an/na...
Féach ar an...
Oscail an...

Cuir ort do...
Tabhair leat do...
Téigh go dtí an oifig.

Fuair mé... agus...
Chabhraigh... le...
Chaill... an...
Cheannaigh... do...
Chuaigh... go dtí an...
D'fhéach... ar...
Ghlaoigh... ar...
Rug... ar...
Thug... do...

...a bhí ann.
Ansin...
Go tobann...
Tar éis tamaill...
Ar maidin...

Am lóin/tae atá ann.
Tá sé a... a chlog.
Tá sé in am...

Feicim...
B'fhéidir go bhfuil...
Tá duine ag an doras.
...ar nós na gaoithe
...spórt agus scléip...
...tuirseach traochta
...sona sásta

Bain úsáid as an bhfoclóir thíos chun *Abairtí Iontacha* a scríobh:

Briathar   +   Duine   +   Áit   +   Am → → →   Abairt iontach!

BRIATHAR			DUINE	
Bhailigh	D'imigh	Ní fhaca	an t-altra	an buachaill
Bhain	D'inis	Ní raibh	an dochtúir	an cailín
Bhí	D'ith	Phléasc	an cúntóir ranga	an bhean
Bhris	D'ól	Phreab	an feighlí	an fear
Bhrostaigh	D'oscail	Rinne	an fiaclóir	an tseanbhean
Bhuaigh	D'ullmhaigh	Rith	an feirmeoir	an seanfhear
Bhuail	D'fhéach	Roghnaigh	an freastalaí	an taibhse
Chabhraigh	Dheisigh	Rug	an garda	na leanaí
Chaill	Dhíol	Scaoil	an gruagaire	na páistí
Chaith	Dhúisigh	Scríobh	an múinteoir	Daidí/Mamaí
Chan	Dhún	Sheas	an píolóta	Daideo/Mamó
Chas	Dúirt	Shéid	an príomhoide	an capall
Cheannaigh	Fuair	Shiúil	an rúnaí	an cat
Cheap	Ghearr	Shleamhnaigh	an sagart	an gabhar
Chodail	Ghlan	Shroich	an saighdiúir	an madra
Chomhair	Ghlaoigh	Shuigh	an siopadóir	an mhuc
Chonaic	Ghortaigh	Stop	an t-aeróstach	an turcaí
Chroch	Labhair	Stróic	an tiománaí	an t-éinín
Chuaigh	Las	Tháinig	bean an phoist	an t-iora rua
Chuala	Lean	Thaispeáin	fear an phoist	
Chuardaigh	Léigh	Thaitin	an spásaire	
Chuir	Léim	Tharraing	an t-innealtóir	
D'éirigh	Lig	Theastaigh	an poitigéir	
D'éist	Líon	Thiomáin	an galfaire	
D'eitil	Luigh	Thit	an dornálaí	
D'fhág	Mhínigh	Thóg	an láithreoir	
D'fhan	Mhúch	Thosaigh	an cócaire	
D'fhás	Mhúin	Thug	an t-amhránaí	
D'fhéach	Ní bhfuair	Thuirling	an tUachtarán	
D'fhoghlaim	Ní dheachaigh		an Taoiseach	
D'fhreagair	Ní dhearna			

Abairt:	Cheannaigh	mé	leabhar	sa siopa.	
Abairt **iontach**:	Cheannaigh	an feirmeoir	leabhar	sa siopa nua	ar an Satharn.
Abairt **iontach aisteach**:	Cheannaigh	an feirmeoir crosta	leabhar beag	sa siopa nua	ar an Satharn.

ÁIT		AM	
an t-aerfort	an amharclann	inné	ar a haon a chlog
an bácús	an t-ollmhargadh	gach lá	ar a dó a chlog
an baile mór	an t-ospidéal	inniu	ar a trí a chlog
an banc	an pháirc	amárach	ar a ceathair a chlog
an bhunscoil	an phictiúrlann	aréir	ar a cúig a chlog
an caisleán	abhaile/sa bhaile	ag am bricfeasta	ar a sé a chlog
an chathair	an scoil/ar scoil	ag am lóin	ar a seacht a chlog
an chistin	an séipéal	ag am tae	ar a hocht a chlog
an clós	an siopa	ag am dinnéir	ar a naoi a chlog
an choill	an siopa scoile	ar maidin	ar a deich a chlog
faoin tuath	an teach	tar éis tamaill	ar a haon déag a chlog
an gairdín	an trá	um thráthnóna	ar a dó dhéag a chlog
an garáiste	seomra bia	lá amháin	ar ceathrú tar éis a...
an leabharlann	seomra codlata	maidin amháin	ar leathuair tar éis a...
an margadh	seomra folctha	tráthnóna amháin	ar ceathrú chun a...
an mheánscoil	seomra ranga	oíche amháin	ag meán lae
oifig an phoist	seomra suí	san oíche	ag meán oíche
an sorcas			
an zú			

Forainmneacha Réamhfhoclacha

	le	ar	do	ag	ó	de
mé	liom	orm	dom	agam	uaim	díom
tú	leat	ort	duit	agat	uait	díot
sé	leis	air	dó	aige	uaidh	de
sí	léi	uirthi	di	aici	uaithi	di
sinn	linn	orainn	dúinn	againn	uainn	dínn
sibh	libh	oraibh	daoibh	agaibh	uaibh	díbh
siad	leo	orthu	dóibh	acu	uathu	díobh

Aidiacht Shealbhach

mé	tú	sé	sí	sinn	sibh	siad
mo	do	a	a	ár	bhur	a

mo	(my)	+ séimhiú	ár	(our)	+ urú
do	(your)	+ séimhiú	bhur	(your)	+ urú
a	(his)	+ séimhiú	a	(their)	+ urú
a	(her)	---			

	bróga	cóta	dinnéar	gairdín	póca	teach
mé	mo bhróga	mo chóta	mo dhinnéar	mo ghairdín	mo phóca	mo theach
tú	do bhróga	do chóta	do dhinnéar	do ghairdín	do phóca	do theach
sé	a bhróga	a chóta	a dhinnéar	a ghairdín	a phóca	a theach
sí	a bróga	a cóta	a dinnéar	a gairdín	a póca	a teach
sinn	ár mbróga	ár gcótaí	ár ndinnéar	ár ngairdín	ár bpócaí	ár dteach
sibh	bhur mbróga	bhur gcótaí	bhur ndinnéar	bhur ngairdín	bhur bpócaí	bhur dteach
siad	a mbróga	a gcótaí	a ndinnéar	a ngairdín	a bpócaí	a dteach

📖 Gníomhaíochtaí

Cad atá á dhéanamh agat/agaibh? Tá mé/Táimid ag...

ag ithe	eating	ag athchúrsáil	recycling
ag ól	drinking	ag brionglóid	dreaming
ag caint	talking	ag bualadh bos	clapping hands
ag comhrá	chatting	ag cabhrú	helping
ag canadh	singing	ag caitheamh	throwing/wearing
ag caoineadh	crying	ag casachtach	coughing
ag gáire	laughing	ag casadh	turning
ag tafann	barking	ag ceannach	buying
ag dul	going	ag crith	shaking
ag teacht	coming	ag crochadh	hanging
ag imeacht	going	ag cuardach	searching
ag rith	running	ag cur	putting
ag siúl	walking	ag cur báistí	raining
ag suí	sitting	ag cur fola	bleeding
ag seasamh	standing	ag déanamh	doing
ag léim	jumping	ag dúnadh	closing
ag titim	falling	ag oscailt	opening
ag éisteacht le	listening to	ag éalú	escaping
ag fáil	getting	ag éirí	getting up
ag féachaint ar	looking at	ag eitilt	flying
ag léamh	reading	ag fás	growing
ag scríobh	writing	ag feadaíl	whistling
ag obair	working	ag foghlaim	learning
ag glanadh	cleaning	ag gearán	complaining
ag scuabadh	brushing	ag gearradh	cutting
ag bácáil	baking	ag glaoch	calling
ag cócaireacht	cooking	ag gluaiseacht	moving
ag bailiú	collecting	ag goid	robbing
ag cniotáil	knitting	ag guí	praying
ag péinteáil	painting	ag iarraidh	trying
ag damhsa/ag rince	dancing	ag lorg	searching
ag dreapadh	climbing	ag magadh	slagging
ag campáil	camping	ag maíomh	boasting
ag iascaireacht	fishing	ag pleanáil	planning
ag imirt gailf	playing golf	ag rá	saying
ag imirt peile	playing football	ag screadaíl	screaming
ag iománaíocht	hurling	ag scríobadh	scratching
ag rásaíocht	racing	ag séideadh	blowing
ag rothaíocht	cycling	ag seinm	playing (music)
ag marcaíocht	riding	ag sleamhnú	slipping
ag siopadóireacht	shopping	ag smaoineamh	thinking
ag rothlú	rotating	ag stealladh	lashing rain
ag súgradh	playing	ag stracadh	tearing
ag scátáil	skating	ag tabhairt	giving
ag scipeáil	skipping	ag taitneamh	shining (sun)
ag surfáil	surfing	ag tarraingt	pulling
ag snámh	swimming	ag teastáil	needing
ag seoladh	sailing	ag tnúth/ag súil	looking forward
ag tiomáint	driving	ag tochailt	digging
ag geáitsíocht	gesturing	ag tosú	starting
ag pleidhcíocht	messing	ag troid	fighting
ag luascadh	swinging	ag tuirlingt	descending
ag lapadáil	paddling	ag ullmhú	preparing
ag alpadh	devouring	ag úsáid	using
ag argóint	arguing	ag vótáil	voting

129

Ag tús an lae...	=	At the start of the day...
Ag deireadh an lae...	=	At the end of the day...
Ag meán lae.../ag meán oíche...	=	At midday.../At midnight...
Ag an deireadh seachtaine...	=	At the weekend...
An deireadh seachtaine a bhí ann.	=	It was the weekend.
Am lóin/Am tae/Am codlata a bhí ann.	=	It was lunchtime/teatime/bedtime.
Ag am lóin/ag am tae/ag am codlata...	=	At lunchtime/at teatime/at bedtime...
An chéad lá eile...	=	The next day...
An lá dar gcionn.../An lá ina dhiaidh sin...	=	The following day...
An mhaidin sin... An lá sin... An oíche sin...	=	That morning... That day... That evening...
Ansin...	=	Then...
Díreach ansin...	=	Just then...
Leis sin...	=	With that...
Ar a dó a chlog, ar a cúig a chlog...	=	At two o'clock, at five o'clock...
Ar aghaidh leo... Ar aghaidh linn...	=	Off they went... Off we went...
Ar an Luan... Ar an Satharn...	=	On Monday... On Saturday...
Ar an mbealach abhaile...	=	On the way home...
Ar deireadh thiar thall...	=	At long last...
Ar dtús...	=	First of all...
Bhain siad an-taitneamh as an lá.	=	They really enjoyed the day.
Bhí an ghrian go hard sa spéir.	=	The sun was high in the sky.
Bhí an ghealach go hard sa spéir.	=	The moon was high in the sky.
Bhí dath an bháis air/uirthi.	=	She/He was as white as a ghost.
Bhí gach rud ar fheabhas.	=	Everything was wonderful.
Bhí gliondar croí orainn.	=	We were delighted.
Bhí sceitimíní ar na páistí.	=	The children were excited.
Bhíomar ar bís.	=	We were very excited/nervous.
Bhí mé ag crith le heagla/leis an bhfuacht.	=	I was shaking with the fright/with the cold.
Bhí mé fliuch báite.	=	I was absolutely soaked.
Bhí mé lag leis an ocras.	=	I was famished with the hunger.
Bhí mé tuirseach traochta.	=	I was exhausted.
Bhí mé sona sásta.	=	I was very happy.
Bhí mé tuirseach traochta ach sona sásta.	=	I was exhausted but happy.
Bhí lá iontach againn.	=	We had a great day.
Chuaigh siad ar ais...	=	They went back...
Cúpla nóiméad níos déanaí...	=	A few minutes later...
Cúpla lá ina dhiaidh sin...	=	A few days after that...

Cúpla seachtain ó shin...	=	A few weeks ago...
Diaidh ar ndiaidh...	=	Gradually...
Faoi dheireadh...	=	At long last...
Faoi mar a tharla...	=	As it happened...
Faoin am seo...	=	By this time...
Gach lá/gach oíche/gach tráthnóna...	=	Every day/every night/every afternoon...
Gan mhoill...	=	Without delay...
Go moch ar maidin...	=	Early in the morning...
Go tobann...	=	Suddenly...
I bpreab na súl...	=	In the blink of an eye...
Is beag nár thit mé i laige.	=	I nearly fainted.
Lá amháin.../Oíche amháin...	=	One day.../One night...
Lá deas/fuar/fliuch/gaofar/grianmhar a bhí ann.	=	It was a nice/cold/wet/windy/sunny day.
Lá breá brothallach a bhí ann.	=	It was a scorching hot day.
Lá fuar feannaideach a bhí ann.	=	It was a bitterly cold day.
Laethanta saoire na Nollag a bhí ann.	=	It was the Christmas holidays.
Leath na súile ar na páistí.	=	The children's eyes widened with surprise.
Maidin Dé Luain.../Maidin Dé Máirt...	=	Monday morning.../Tuesday morning...
Ní dhéanfaidh mé dearmad ar an lá sin go deo.	=	I will never forget that day.
Ní dhéanfaidh mé é sin go deo arís.	=	I'll never do that again.
Níor chodail mé néal an oíche sin.	=	I didn't sleep a wink that night.
Níorbh fhada go raibh...	=	It wasn't long until...
Nuair a...	=	When...
Nuair a shroicheamar...	=	When we reached...
...arís agus arís eile.	=	...over and over again.
...ó am go ham...	=	...from time to time...
...ar nós na gaoithe.	=	...as quick as could be.
Shocraigh mé dul...	=	I decided to go to...
Síos an bóthar leis na páistí.	=	Down the road went the children.
Tar éis cúpla lá.../Tar éis cúpla nóiméad...	=	After a few days.../After a few minutes...
Tar éis an lóin.../Tar éis an tae...	=	After lunch.../After tea...
Tar éis scoile...	=	After school...
Tar éis tamaill...	=	After a while...
Tráthnóna dorcha a bhí ann.	=	It was a dark afternoon.
Um thráthnóna...	=	In the afternoon...
A leithéid de lá!	=	What a day!
Sin é mo scéal agus má tá bréag ann bíodh.	=	That's my story and there's no lie in it.

Seanfhocail

Más mian leis an múinteoir cur le saibhreas teanga na bpáistí, is féidir na seanfhocail seo a mhúineadh.

1. Tús maith, leath na hoibre.

2. Aithníonn ciaróg ciaróg eile.

3. Giorraíonn beirt bóthar.

4. Ní neart go cur le chéile.

5. Is binn béal ina thost.

6. Ní hé lá na báistí lá na bpáistí.

7. Béal dúnta, béal múinte.

8. Nuair a bhíonn an cat amuigh, bíonn an luch ag rince.

9. Ní thagann ciall roimh aois.

10. Mol an óige agus tiocfaidh sí.

11. Is minic a bhris béal duine a shrón.

12. Bíonn blas ar an mbeagán.

13. Is fearr déanach ná choíche.

14. Bíonn dhá insint ar gach scéal.

15. Níl aon tinteán mar do thinteán féin.

16. Is gaire cabhair Dé ná an doras.

17. Is fearr rith maith ná drochsheasamh.

18. Is maith an t-anlann an t-ocras.

19. Is geall le sos malairt oibre.

20. Filleann an feall ar an bhfeallaire.

21. Cleachtadh a dhéanann máistreacht.

22. Fág an drochscéal san áit ina bhfuair tú é.

23. Nuair a bhíonn an bolg lán, is maith leis na cnámha síneadh.

24. An té nach bhfuil láidir, ní foláir dó a bheith glic.

25. Ar scáth a chéile a mhaireann na daoine.